HE MOʻOLELO NO KAPAʻAHU

Na Emma Kapūnohuʻulaokalani Kauhi

Pili Productions
Hilo, Hawaiʻi

Ka Lua o ka Pukana Hoʻoponopono Hou ʻIa
Second Revised Edition

Emma Kauhi

Ka Lua o ka Pukana Hoʻoponopono Hou ʻIa 2017
Second Revised Edition 2017

Hoʻopuka ʻia e Pili Productions
Published by Pili Productions, Hilo, Hawaiʻi

Pukana Mua 1996
Original Edition 1996

Pukana Hoʻoponopono Hou ʻIa 2000
Revised Edition 2000

Kuleana Kope © 1996 na Emma Kauhi ka ʻōlelo Hawaiʻi
Hawaiian text copyright by Emma Kauhi

Kuleana Kope © 1996, 2000 na Pili Productions ka ʻōlelo haole
English text copyright 1996, 2000 by Pili Productions.

Paʻa nā kuleana a pau.
All rights reserved

Me ke kōkua kālā o ka Hawaiʻi Council for the Humanities
With the assistance of a grant from the Hawaiʻi Council for the Humanities

Kiʻi ʻIli: ʻO ka hala, he hōʻailona no Puna, na Mele McPherson i kaha
Cover Drawing: the hala, a symbol of Puna, drawn by Mele McPherson

He Moʻolelo no Kapaʻahu

Papa Kuhikuhi

Hoʻolaʻa vi
ʻŌlelo Hoʻomaikaʻi vi
ʻŌlelo Hoʻākāka Mua A Ka Mea Haku vi
ʻŌlelo Haʻi Mua A Ka Luna Hoʻoponopono vii

Moʻolelo

Moʻolelo 1. Hoʻomanaʻo No Kapaʻahu 3
Moʻolelo 2. ʻO Koʻu Noho ʻAna Ma Kapaʻahu 7
Moʻolelo 3. Ka Holoholo Kahakai 33
Moʻolelo 4. ʻO Ka Hana A Ka Poʻe 41
Moʻolelo 5. ʻO Nā Mea Pāʻani A Me Nā Mea Hana A Nā Keiki 58
Moʻolelo 6. Nā Pāʻina 63
Moʻolelo 7. Nā Hōʻailona 69
Moʻolelo 8. ʻO Ka Lāʻau Lapaʻau A Me Ka Hoʻoponopono 75
Moʻolelo 9. Moʻolelo O Pele A Me Ka ʻŌhelo 81
Moʻolelo 10. Hoʻomanaʻo ʻAna Iā Wahaʻula 84

Story of Kapaʻahu (English Translation) ...89

Emma Kauhi

Kiʻi

Kiʻi 1. Mrs. Emma Kauhi, Makahiki 1991 v
Kiʻi 2. ʻO Punaluʻu, he Pūnāwai 4
Kiʻi 3. ʻO William James Stone, ka Makua Kāne o Emma Kauhi 7
Kiʻi 4. ʻO Martha Hālaulani Konanui, ka Makuahine o Emma Kauhi 9
Kiʻi 5. ʻO ka Hale o Kūkū Mā 14
Kiʻi 6. ʻO ka Hale o ʻAnakē Luika a me ʻAnakala Kaipo Kaʻawaloa 16
Kiʻi 7. ʻO ka Hale o ʻAnakē Luika me ʻAnakala Kaipo Kaʻawaloa 18
Kiʻi 8. ʻO ka Hale o Kaipo a me Luika Kaʻawaloa, me Kekahi Mau Hoahānau o Emma Kauhi E Kū Ana ma ka Lānai, ma kahi o 1935 18
Kiʻi 9. ʻO Sam ʻOulu Konanui, ka ʻAnakala o Emma Kauhi, Makahiki 1965 21
Kiʻi 10. ʻO Emma Kauhi ma Kona Makahiki ʻUmi Kūmāono 28
Kiʻi 11. Ka Hoʻomākaukau ʻAna i ka Puaʻa no ke Kālua ʻAna ma Kalapana 54
Kiʻi 12. ʻO Emma Kauhi ma Kona Wā Uʻi 60
Kiʻi 13. ʻO Wahaʻula, he Heiau Luakini, ma mua o ka Uhi ʻIa ʻAna e ka Pele 85
Kiʻi 14. ʻO Wahaʻula, he Heiau Luakini, ma hope o ke Kaʻapuni ʻIa ʻAna e ka Pele 87

He Moʻolelo no Kapaʻahu

Kiʻi 1. Mrs. Emma Kauhi, Makahiki 1991

Emma Kauhi

Hoʻolaʻa

Ke hoʻolaʻa nei au i kēia puke hoʻomanaʻo i koʻu kahu hānai, koʻu kupuna wahine, ʻo ia ʻo Kahaʻikauila Punahoa Konanui. Ma muli ona i loaʻa ai iaʻu kēia ʻike i ka ʻōlelo Hawaiʻi. Ua hānau ʻia ʻo ia i Kaʻū, lā 3 o Malaki, makahiki 1860. Ua hala ʻo ia i Kapaʻahu, Puna, ma ka lā 8 o ʻOkakopa, makahiki 1928. Mau loa koʻu aloha iā ʻoe.

ʻŌlelo Hoʻomaikaʻi

Ke makemake nei au e hāʻawi i koʻu mahalo a nui loa iā Professsor Charles "Kale" Langlas o ke Kulanui o Hawaiʻi ma Hilo, no kona paipai ʻana iaʻu e kākau au i kaʻu mau moʻolelo ma ka puke. Ma muli o kona kōkua me kona kākoʻo i hiki ai iaʻu ke hoʻokō i kēia papahana.

ʻŌlelo Hoʻākāka Mua A Ka Mea Haku

ʻO koʻu hōʻaʻo ʻana me ka hoʻoikaika e kākau i kēia puke, ke makemake nei au e maopopo iā ʻoukou i ke ʻano o ka noho ʻana, ke ʻano o ka walaʻau ʻana o mākou, ka poʻe o Puna, i koʻu wā ʻōpiopio. I ka manawa aʻu e kākau ana i kēia puke, ua huli koʻu noʻonoʻo i nā lā i hala. A hū aʻela ke aloha, hāloʻiloʻi nā waimaka no ka ʻohana a me ka ʻāina pū. No ka mea, ʻo ka ʻāina, ʻo ia nō ko mākou ola. ʻO mākou nā makaʻāinana.

He Moʻolelo no Kapaʻahu

ʻŌlelo Haʻi Mua A Ka Luna Hoʻoponopono

Ua hānau ʻia ʻo Mrs. Kauhi a hānai ʻia hoʻi ma Kapaʻahu, i Puna, ma ka mokupuni ʻo Hawaiʻi. ʻO kēia mau moʻolelo nei, no kona wā kamaliʻi i Kapaʻahu ia, mai ka makahiki 1916 a hiki i ka makahiki 1935. Ma hope mai o ia wā, ua haʻalele ʻo Mrs. Kauhi iā Kapaʻahu a neʻe ʻo ia i Hilo e noho ai, a laila, neʻe hou ʻo ia i Honolulu, a neʻe hou akula i Kapalakiko ma ka ʻāina haole. I kona manawa i hoʻomaha ai mai ka hana aku, ua hoʻi mai ʻo ia i Kapaʻahu a kūkulu ʻia kona hale ma laila. Ma hope mai i ka makahiki 1986, ua hū ka pele mai Kīlauea mai a uhi ʻia kona home ma kona ʻāina hānau, ʻo Kapaʻahu. Ua ʻauheʻe nā poʻe o Kapaʻahu a pau a ua neʻe lākou i kahi ʻē. ʻAʻole i pau ka hū ʻana o ka pele. Ke hū mau nei nō hoʻi i kēia wā nei. ʻOiai naʻe, ua ʻauana hou ke kahe ʻana o ka pele mai Kapaʻahu aku i kahi ʻē.

ʻO ka makamua o koʻu lohe ʻana i kēia mau moʻolelo na Mrs. Kauhi, ʻo ia hoʻi kāna haʻi moʻolelo ʻana ma kāna papa i aʻo ai ma ke Kulanui o Hawaiʻi ma Hilo nei, i ka makahiki 1989-90. ʻO kona kūlana ma kēia kulanui nei, he mānaleo. Ua haʻi moʻolelo ʻo ia iā mākou, nā haumāna o nā papa ʻōlelo Hawaiʻi, e hōʻike iā mākou i ke ʻano o ka ʻōlelo a ke kanaka i hānai ʻia nō ma loko o ka ʻōlelo Hawaiʻi. No ko mākou hoihoi loa i kāna mau moʻolelo, ua noi au iā ia e hoʻopaʻa i kāna mau moʻolelo ma ka lipine, a ua ʻae mai ʻo ia. He mau makahiki ko māua ʻo Mrs. Kauhi hana ʻana e hoʻopau i ka hoʻopaʻa lipine ʻana a kākau i nā moʻolelo e like me kāna i ʻōlelo ai ma ka lipine. Ua kākoʻo ʻia kā māua hana i ka uku ʻia e ke kōmike no nā mea Hawaiʻi i hoʻokumu ʻia ma ke Kulanui o Hawaiʻi, ʻo ia hoʻi, ke "Committee for the Preservation and Study of

Emma Kauhi

Hawaiian Art, Language, and Culture." A eia ka hopena ma kēia mau 'ao'ao ma lalo nei, nā mo'olelo i kākau 'ia. Ua mālama pū 'ia nā faila leo a Mrs. Kauhi i hiki iā 'oukou ke lohe i ka 'ōlelo o ka mānaleo. Aia nā faila leo ma ke kahuapa'a pūnaewele o Pili Productions, 'o piliproductions.net. Ua ho'ololi iki 'ia e ka luna ho'oponopono nā hua 'ōlelo o ka lipine no kēia puke nei. I kekahi manawa ua 'ōlelo hewa 'o Mrs. Kauhi i kāna mea e 'ōlelo ai, a ua kāpae 'ia ka 'ōlelo hewa. I kekahi manawa, 'a'ole i like loa ka pela 'ana o kahi hua 'ōlelo me ka puana a Mrs. Kauhi 'oiai he puana kama'ilio kāna, e like me ka puana "leila" no "laila" a me ka puana "ne" no "inā." Ua pela 'ia nā hua 'ōlelo i puana kama'ilio 'ia e like me ka mea ma ka puke wehewehe na Kawena Pukui mā. Ua ho'okomo pū 'ia nā hua 'ōlelo "'o," "i," a me "he" ma ka ho'omaka 'ana o kekahi mau hopuna 'ōlelo, no ka mea he kūpono ma ke kaila o ka 'ōlelo kākau, 'oiai he kāpae pinepine 'ia ma ke kaila 'ōlelo kama'ilio. He mau loli 'ē a'e o ia 'ano i hana 'ia i kūlike ai ka 'ōlelo i kākau 'ia me ke 'ano kākau o ka 'ōlelo Hawai'i. Ma kēia mau mea ua kōkua 'ia ka luna ho'oponopono e William H. Wilson, he kumu a'o 'ōlelo Hawai'i ma ke Kulanui o Hawai'i ma Hilo. Maika'i ke heluhelu a ho'olohe pū i nā faila leo i mea e lohe ai i ka 'oko'a o nā kaila 'elua, no ka mea, he pono e pa'a nā kaila 'elua i ka po'e walewaha 'ōlelo Hawai'i.

'O wau 'o Kale Langlas, ka luna ho'oponopono.

HE MOʻOLELO NO KAPAʻAHU

Emma Kauhi

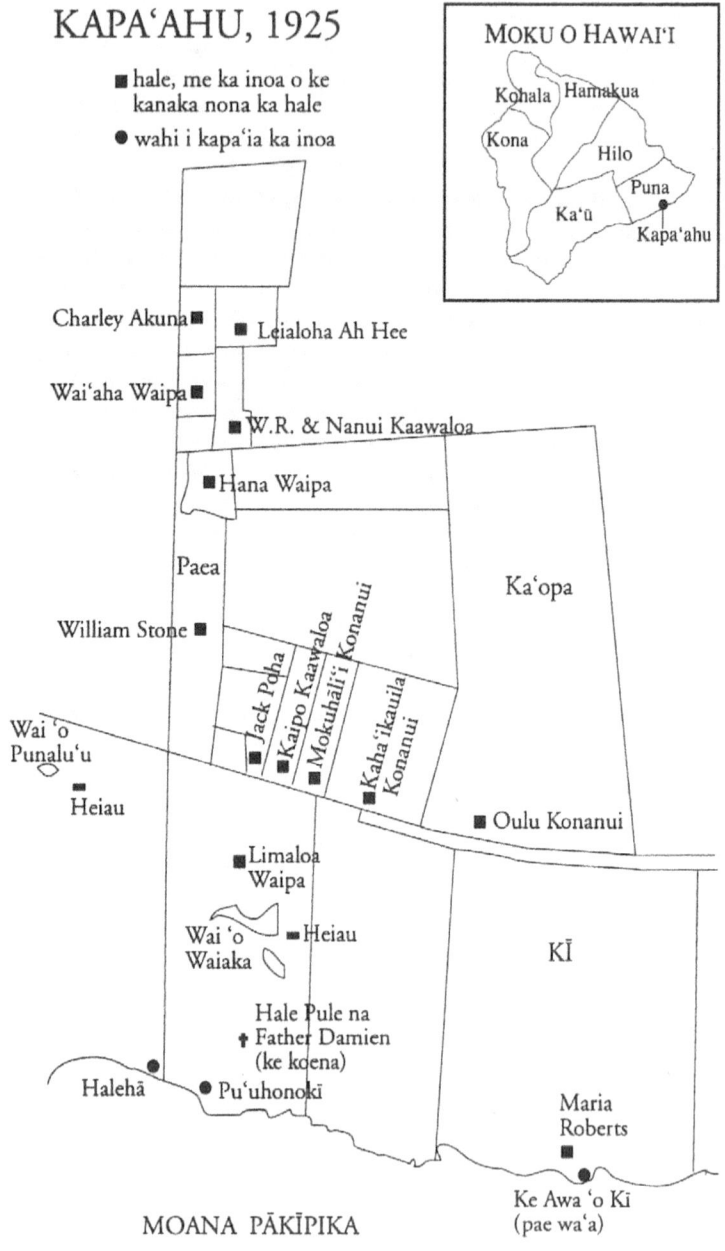

KAPA‘AHU, 1925

■ hale, me ka inoa o ke kanaka nona ka hale
● wahi i kapa‘ia ka inoa

MOKU O HAWAI‘I
Kohala, Hamakua, Kona, Hilo, Ka‘ū, Puna, Kapa‘ahu

Charley Akuna ■
■ Leialoha Ah Hee
Wai‘aha Waipa ■
■ W.R. & Nanui Kaawaloa
■ Hana Waipa
Paea
Ka‘opa
William Stone ■
Jack Poha
Kaipo Kaawaloa
Mokuhāli‘i Konanui
Kaha‘ikauila Konanui
Wai ‘o Punalu‘u
■ Heiau
■ Oulu Konanui
■ Limaloa Waipa
Wai ‘o Waiaka
■ Heiau
KĪ
Hale Pule na Father Damien (ke koena)
Haleha
● Pu‘uhonokī
Maria Roberts ■
Ke Awa ‘o Kī (pae wa‘a)

MOANA PĀKĪPIKA

He Moʻolelo no Kapaʻahu

Moʻolelo 1. Hoʻomanaʻo No Kapaʻahu

Aloha! He mau moʻolelo kēia e haʻi aku ana au iā ʻoukou e pili ana i koʻu ʻāina ʻo Kapaʻahu. Aia kēlā ma ka ʻāpana ʻo Puna, Hawaiʻi. ʻO koʻu inoa, ʻo Emma Kapūnohuʻulaokalani Kauhi. ʻO ka mahina kēia ʻo ʻApelila a ʻo ka makahiki ʻumi kūmāiwa kanaiwa. ʻO ka wahi, ʻo ke kulanui kēia, ʻo ke Kulanui o Hawaiʻi ma Hilo. A ma Kapaʻahu nō wau i hānau ʻia ai a ma laila nō wau i noho ai a hiki i koʻu male ʻana. No laila, nui nō nā mea aʻu i ʻike ai a i lohe ai e pili ana i ke ʻano o ka noho ʻana o ko mākou ʻāina. He ʻāina hoʻokūʻonoʻono ʻo Kapaʻahu. Aia kēia wahi ma ka ʻaoʻao nāpoʻo o ka lā o Kalapana, a kāhea mākou i kēlā ʻaoʻao "ma Kaʻū." A ma kekahi ʻaoʻao ka hikina a ka lā ma Wahaʻula Heiau a kāhea mākou i kēlā "ma Hilo." ʻŌlelo ʻia mai, ma mua nui ʻino ka poʻe, ka poʻe Hawaiʻi, e noho ana ma laila. A i koʻu wā liʻiliʻi e noho ana, ua emi loa mai ka poʻe. ʻO nā ʻohana nui nō e noho ana i kēlā wā, ʻo ia ka ʻohana Waipā, ʻohana Kaʻawaloa, a ʻo mākou nō hoʻi, ka ʻohana Konanui, a ʻo ka ʻohana Ah Hee, ka ʻohana Akuna. I koʻu wā liʻiliʻi, ua hōʻea mai ke alanui aupuni ma mua pono o ka hale o koʻu Kūkū Kahaʻikauila, koʻu kupuna wahine kahu hānai.

He mau pana kaulana nō ma Kapaʻahu, ʻo ia hoʻi, ka heiau ʻo Wahaʻula. Aia kēlā i Kaʻuka. Ua kūʻai koʻu makuakāne ʻo W. J. Stone i kēlā wahi a mai koʻu wā liʻiliʻi, ua hele mau mākou me koʻu makuahine, me koʻu kaikunāne ma kēlā wahi. Ua aʻo ʻia mai iā mākou, he wahi pālama kēlā. He wahi kapukapu. A ua mālama mākou i ke kapu a hiki i kēia lā. Inā ʻoe e walaʻau me ka poʻe kamaʻāina nō o ko mākou wahi, ʻōlelo mai lākou, aia nō kēlā mana ma laila a hiki i kēia lā.

Kiʻi 2. ʻO Punaluʻu, he Pūnāwai

He Moʻolelo no Kapaʻahu

ʻO kekahi pana, ʻo ia hoʻi ka halepule, ka halepule e kāhea ʻia nei ʻo "Father Damien Church." Nui nō ka poʻe mākaʻikaʻi e hele mai e ʻike i kēlā halepule i kūkulu ʻia i loko paha o ka makahiki ʻumi kūmāwalu kanaono kūmāwalu, ma ia mau makahiki. A ʻo kēlā halepule, inā ʻoe nānā, kohu mea he kimeka, akā he ʻākoʻakoʻa ka mea i kūkulu ʻia ai kēlā halepule. A ʻo ia mau nō ke kū o ka paia o kēlā halepule a hiki i ka uhi ʻia ʻana e ka pele i loko o ka makahiki ʻumi kūmāiwa kanawalu kūmāwalu.

Aia nō kekahi pana kaulana o Kapaʻahu, ʻo ka wai ʻauʻau ʻo Punaluʻu e kāhea ʻia nei e ka poʻe ʻo "Queen's Bath." Ua lohe au, he wai māpuna kēlā. Ma hea mai lā kēia wai e huaʻi nei? Inā ʻoe luʻu i lalo i loko o kēlā wai a hōʻea ʻoe i lalo, ʻā, he wai maoli; a piʻi aʻe ʻoe i luna, ʻā, he wai hapakai. ʻO ka moʻolelo o kēlā wahi, he wahine moʻo ke kiaʻi o ia wai. Nui ka poʻe malihini e hele mai e ʻike a e ʻauʻau ma kēlā wai. I loko o ka makahiki ʻumi kūmāiwa kanawalu kūmāwalu, ua uhi ʻia e ka pele. Mai Puʻuʻōʻō mai kēia kahe ʻana o kēia pele a uhi ʻia kēlā wai. Ma kēlā wai nō au i ʻike ai i ka ʻauʻau ʻana, me kaʻu poʻe keiki a me kaʻu poʻe moʻopuna, me kaʻu poʻe moʻopuna kuakahi a kualua, a nui ko mākou aloha i kēlā ʻāina.

A ʻo ka wahi a mākou e hele ai i ka pule i ko mākou wā liʻiliʻi, hele mākou i Kalapana. A i kēlā manawa, he hale pule Māmona ma laila. A ʻo ka hale pule Kalawina no hoʻi, aia nō ke kū nei, a me ka hale pule Kākōlika, kēlā hale pule ʻo Star of the Sea Church. A he hale pule kaulana nō kēlā. Ma kahi o ʻelua mile paha a ʻoi mākou e hele ai, hele wāwae. A ʻo ke alanui nō hoʻi, he pōhaku wale nō. I kēlā manawa, ʻaʻohe kāmaʻa, hele wale ka wāwae. A ʻo ka wahi a mākou i hele ai i ke kula, ʻo ka hale kula o Kalapana. A ma laila mākou e hele ai.

Emma Kauhi

A ʻo ke ʻano o ka noho ʻana ma Kapaʻahu, he maikaʻi. Ua lako nā kahakai i nā mea ʻai—nā mea ʻai o ke kai a me ka paʻakai. A no ka mahi ʻai ʻana, hele nō ka ʻohana i ke kuahiwi e mahi ʻai ai, no ka mea, ʻoi aku ka maʻū o ke kuahiwi. Ma laila nō ulu nō nā mea kanu. A no ka hele ʻana i ka lawaiʻa, hana like nā mākua me nā poʻe kamaliʻi. ʻAʻole hiki iā ʻoe ke moloā. Inā he wā hana, e hana ana ʻoe. Inā he wā pāʻani, ʻōlelo ʻia mai, ʻo ka wā pāʻani a e pāʻani ana ʻoe. Inā ʻaʻole ʻoe e hana i kāu hana, ʻā, e hoʻopaʻi ʻia ana ʻoe. Loaʻa nō nā mea hoʻohuli holoholona ma nā kuahiwi. ʻO ia nō nā hana a nā poʻe kāne. Loaʻa nō nā kumu lau hala. Nui ke kumu lau hala ma laila. ʻO ia nō ka hana a nā poʻe wāhine me nā poʻe keiki—hele akula e kōkua, e kiʻi lau hala, hoʻomaʻemaʻe i ka lau hala. No laila, ua lako ka ʻāina i nā mea a pau. Ua lohe mau wau, inā ʻoe e moloā, ʻā, e pōloli ana kou ʻōpū; inā ʻoe e hana, ʻaʻole wā e nele ai ka noho ʻana. ʻAe, pololei nō kēlā. Ua ʻike au. ʻO ia manawa, nui nō ke kōkua aku o ka poʻe. Kōkua aku, kōkua mai, hāʻawi aku, hāʻawi mai ke ʻano o ka noho ʻana. A inā he mau pilikia i waena o ka ʻohana, he manawa nō e hui ai, hoʻoponopono, a mihi aku mihi mai i maluhia ka noho ʻana. Ua mālama ʻia ka ʻāina e nā mākua. Ua nui ko lākou ʻike i nā mea e pili ana i ka ʻāina, nā hōʻailona o ke au, ka makani, ke ōlaʻi, nā mea a pau e pili ana i ka ʻāina. He nui nō nā mea kapukapu a lākou i ʻike ai a ua noho nō lākou me ia mau kapu. A ua hala lākou me nā mea kahiko, nā mea kapu. Koe maila nō mākou, nā pua o ka ʻāina.

He Moʻolelo no Kapaʻahu

Moʻolelo 2. ʻO Koʻu Noho ʻAna Ma Kapaʻahu

Māhele 1. ʻO Nā Lā Aʻu E Noho Ana Me Koʻu Mau Kūpuna

ʻO Ka Moʻolelo E Pili Ana I Koʻu Inoa

ʻO ka makahiki ʻumi kūmāiwa kanaiwa kūmākahi kēia. Eia au ke noho nei i luna o koʻu noho paipai. Ke hoʻomanaʻo nei au i kuʻu ʻāina aloha, ʻo Kapaʻahu. Aia i Puna, Hawaiʻi, ka

Kiʻi 3. ʻO William James Stone, ka Makua Kāne o Emma Kauhi

Emma Kauhi

'āina i kapa 'ia "paia 'ala i ka hala." I laila au i hānau 'ia ai, i ka makahiki 'umi kūmāiwa 'umi kūmāono, i ka wā o ke Kaua Honua I. I kēlā wā e ola ana nō ka Mō'ī Wahine Lili'uokalani. 'O ko'u makua kāne, 'o W. J. Stone, he haole 'o ia. Mai Ypsalanti, Michigan mai 'o ia. Ua hele mai 'o ia i Hawai'i nei, he iwakālua kūmālua ona makahiki i kēlā manawa. 'O ko'u makuahine—'o kona inoa, 'o Martha Hālaulani—he Hawai'i piha 'o ia. 'O ka inoa o kona 'ohana, 'o ka 'ohana Konanui—no Puna. Ua hānau 'ia 'o ia i Kapa'ahu i loko o ka makahiki 'umi kūmāwalu kanaiwa kūmāhiku. I kēlā wā i 'āpono ai 'o Pelekikena McKinley i ka ho'ohui 'āina 'ana o nā mokupuni o Hawai'i nei me 'Amelika. He 'eiwa po'e keiki i loko o kona 'ohana. 'O ia ka muli loa. Noho 'oia ma Kapa'ahu i kona wā e ola ana.

I ke kokoke 'ana i ka manawa o ko'u hānau 'ana, hele akula ko'u makuahine i ka hale o kona kaikua'ana, 'o Luika, i hiki iā Luika ke kōkua iā ia. Kokoke nō kona hale. He 'ekolu a Luika keiki i kēlā manawa. 'Ōlelo mai 'o Māmā ia'u, lō'ihi kona nahu kuakoko, no ka mea, 'o wau kāna hānau mua. I kēlā pō loa'a iā ia ka moe'uhane. Hele maila kēia kanaka a 'ōlelo akula iā ia, "E hea 'ia ka inoa o kēnā keiki 'o Kapūnoho'ulaokalani." A ala 'o ia. I ke kakahiaka hō'ea mai ana kona kaiko'eke, 'o Emma He'eia. Hele maila e 'ike pehea lā 'o ia. I ka manawa i hehi ai ka wāwae o Emma He'eia i loko o ka puka o ka hale, hānau au. No laila, ua maopopo 'ia e ka po'e ma laila i kēlā manawa, e kāhea 'ia ko'u inoa 'o Emma. Kokoke ma hope mai, hele mai ana 'o Konanui, ka makua kāne o ko'u makuahine e 'ike, pehea lā, ua hānau paha 'o ia. A 'ike ihola ua hānau 'o ia. A 'ōlelo akula ku'u makuahine i ka moe'uhane. Ua loa'a ho'i iā ia ka moe'uhane. A 'ōlelo maila ka makua kāne, i ka pō nei ua loa'a iā ia he moe'uhane. Ua hele mai

He Moʻolelo no Kapaʻahu

kēia kanaka me ka pōkē pua ʻōhaiʻula i kona poli, a ʻōlelo akula iā ia, "E hea i ka inoa o kēnā keiki ʻo Kaʻōnohiʻulaokalani." ʻŌlelo hou akula ʻo ia iā Māmā, no ka mea ʻo kēlā kanaka i loko o ka moeʻuhane e hāpai ana i ka pōkē pua ʻōhaiʻula, no laila, eia kekahi inoa no kēnā keiki, ʻo Kaʻōhaiʻulaokalani.

Kiʻi 4. ʻO Martha Hālaulani Konanui, ka Makuahine o Emma Kauhi

    Mai koʻu wā liʻiliʻi mai ua kāhea ʻia au i kēia mau inoa, ma ke ʻano o ko kākou ʻano Hawaiʻi. ʻO kēia mau inoa Hawaiʻi he ʻekolu, he inoa pō. Pēia e hōʻikeʻike ʻia ai ka inoa pō ma ka moeʻuhane mai ko kākou ʻaoʻao, a noʻu wale nō kēlā inoa. Ua lohe au i ka ʻōlelo ʻia, inā ʻaʻole e kāhea ʻia ka inoa, i kekahi manawa maʻi ke keiki, a i ʻole make. Inā ʻāpono ʻia ka inoa, ʻo ka ʻaoʻao ana nō kona ʻuhane kiaʻi.

I kēlā mau lā, ʻaʻole e loaʻa mau ke alahele e hele ai i Hilo. No laila, ua ʻelua paha mahina ma hope o koʻu hānau ʻana, a ua hiki iā Kūkū Pā ke hele i Hilo i ka Hale Papaola e hoʻopaʻa ai i koʻu hānau ʻana. ʻŌlelo ʻia mai iā ia, he hoʻokahi wale nō inoa Hawaiʻi e hiki ke kākau ʻia ma koʻu palapala hānau. He mau makahiki ma hope mai, ʻike koʻu makuahine i nā inoa i hoʻopaʻa ʻia ma ka palapala hānau. ʻO ia ʻo Emma Martha (ʻo ia hoʻi ka inoa o koʻu makuahine) Kaʻōnohiʻulaokalani. Aia naʻe, kāhea ʻia nō au ma nā inoa ʻē aʻe. Kāhea ʻo Māmā iaʻu ʻo Kapūnohu. Kāhea ʻo Kūkū Mā iaʻu ʻo Kaʻōnohi a i ʻole ʻo Kaʻōhai. I ke kula, kāhea ʻia au ʻo Emma.

Noʻu iho, ua pōmaikaʻi au i ka loaʻa ʻana iaʻu o nā inoa pō. Ma ke ʻano o ka ʻuhane kiaʻi me ke alakaʻi i loaʻa ai iaʻu nā pōmaikaʻi, a me ka Makua Lani pū. ʻAʻole au i maopopo i kekahi mea ʻē aʻe i hāʻawi ʻia he ʻekolu inoa pō. He Kalikiano au; akā, ʻōlelo ʻia mai e koʻu makuahine iaʻu, "Ua hala ko kākou kūpuna, akā, aia nō lākou ke kiaʻi nei iā kākou."

ʻO Koʻu Mau Kūpuna A Me Ka Hoʻonohonoho ʻAna
O Ka Home

Ua hānai ʻia au e kuʻu mau kūpuna. Mai kinohi mai i kuʻu hoʻomaopopo e noho ana au me Kūkū Mā a me Kūkū Pā. ʻO Kūkū Pā, ʻo kona inoa ʻo David Marshall Konanui. Kāhea ʻia ʻo ia ʻo Konanui. I koʻu manaʻo, ua kapa ʻia kona inoa haole i ka manawa e haʻi ʻeuanelio ana nā mikanele ma Puna. ʻO koʻu kupuna wahine, ʻo Kahaʻikauila Punahoa, ua hānau ʻia ʻo ia i

He Moʻolelo no Kapaʻahu

Puakalehua, i Kaʻū, i loko o Malaki ʻekolu, makahiki ʻumi kūmāwalu kanaono. I kēia manawa ke kāhea ʻia nei kēlā wahi ʻo Puakalehua ʻo "Wood Valley." Kāhea mākou iā Kupuna Kāne ʻo Kūkū Pā, a iā Kupuna Wahine ʻo Kūkū Mā. I koʻu wā ʻōpiopio, nui koʻu hoʻomanaʻo maikaʻi i nā lā aʻu e noho ana me koʻu mau kūpuna. Inā mākou e hele i kekahi wahi, ʻauamo ʻo Kūkū Pā iaʻu ma kona kua. He kanaka mahi ʻai, kanaka lawaiʻa ʻo ia. I ke ahiahi, pau kāna hana, hoʻi mai ʻo ia, a hele akula ʻo ia ma hope o ka hale. He kumu ʻalani nui a he papa kuʻi ʻai ua kūkulu ʻia ma ke kumu ʻalani, a he pōhaku kuʻi e hoʻolewalewa ana. Waiho ʻo ia i ka papa i lalo, kiʻi ʻo ia i pola wai a me ka ʻawa ua hoʻomaloʻo ʻia a hoʻoweluwelu ʻia. Hoʻokau ʻo ia i ka ʻawa i luna o ka papa kuʻi, hana i wai, a kuʻi ʻo ia. A pau kēlā, hōʻuī i loko o ke pola niu a inu ʻo ia. Liʻuliʻu ma hope mai, lohe ʻoe iā ia e oli ana. A hoʻomākaukau ʻo Kūkū Mā i kā mākou ʻaina ahiahi. A laila, hoʻi mai ʻo ia i loko o ka hale a ʻai mākou.

ʻO koʻu kupuna wahine, ʻo kona ʻano he ʻoluʻolu, he akahai. Hoʻomaopopo au i koʻu wā liʻiliʻi, ala au i ke kakahiaka, hele akula ʻo ia e kiʻi i poʻi wai holoi a me ke kāwele. Lawe akula i waho o ka lānai a waiho, a kāhea maila iaʻu, "E Kapūnoho, hele mai ʻoe e holoi i kou pua." Lawe ʻo ia iaʻu me ia ma kona wahi e hele ai. E oli mau ana ʻo ia me ka hana pū i kāna hana. Kohu mea aia nō au ke lohe nei i kona leo oli, ʻaʻole au e poina. Ua ʻōlelo mai kekahi poʻe iaʻu, inā he pāʻina a aia ʻo Kūkū Ma laila, e ʻōlelo mau ʻia ana iā ia e hīmeni. Ua maopopo ʻia kona leo maikaʻi. E makemake mau ana lākou e lohe iā ia i ka hīmeni i kēlā mele "Kaulana Kuʻu Home Puni Waipiʻo."

Kaulana kuʻu home puni Waipiʻo,
Me nā peʻa nani o ka ʻāina.

Emma Kauhi

Kākela he hale ali'i,
Herode ko'u hoalike,
Mō'ī puni ha'akei.

Kukuna o ka lā ko'u kapa 'ia
E 'ōlina nei a puni ka honua,
Auē ai(a) (i) luna lilo
Lihi launa 'ole mai
Nā ali'i nui o ke ao.

E a'u mau kini, nā makamaka,
Me nā kupa o ku'u 'āina,
Me ka wailele a'o Hi'ilawe
Ko'iawe maila i luna,
Ko'iawe mau i ka pali.

'A'ole pēlā ka 'oiai'o,
Haku'epa loko'ino a ka makamaka
Ua like nō a like
Me nā kini lehulehu
O ku'u one hānau.

E ola māua me a'u kini,
Me a'u lei o nei 'āina
Pulupē i ka hunakai,
Ka i'a mili i ka lima.
Heha Waipi'o i ka noe.

Hā'ina 'ia mai ana ka puana:
No ka lei hapa pua Sēpānia,

He Moʻolelo no Kapaʻahu

He kupa no ka ʻāina.
E kipa mai ma loko,
Haleʻiwa beautiful home.

E ʻōpiopio loa ana nō au, hala ʻo Kūkū Pā. Ua kanu ʻia ʻo ia ma hope aku o kona hale. Hoʻolilo ʻia kēlā wahi i wahi kanu no ka ʻohana. Nui ʻino ka hē ma laila. Mai kēlā manawa mai, noho nō ʻo Kūkū Mā me aʻu i ko māua hale. He ʻelua papahele o ko māua hale. ʻAʻohe pono hale; akā, hoʻokahi halepā. ʻO ka papahele o luna, he ʻekolu lumi—ʻelua lumi he lumi moe; hoʻokahi lumi ʻano nui aʻe, he lumi hoʻokipa a i ʻole he wahi moe nō. Ua uhi ʻia kēia mau lumi me ka moena lau hala mai ka paia a kekahi paia. ʻO ka papahele o lalo, he ʻelua māhele. ʻO ka ʻaoʻao ma loko, hoʻokahi ʻaoʻao no ka ʻai ʻana a ma laila ka halepā. ʻO kekahi ʻaoʻao, no ka hana ulana a i ʻole he wahi hiamoe. Ua paʻa kēlā mau wahi i ka moena. ʻO ka ʻaoʻao ma waho, ma ka ʻaoʻao ma Hilo, ma laila ke kapuahi wahie a me kahi no ka wahie. ʻO ka ʻaoʻao ma Kaʻū, he wahi hana kēlā no ka ihi ʻai, ke kuʻi ʻai, poke ʻopihi, ʻo ia mau ʻano, a me ka hoʻomaʻemaʻe lau hala. Ua pālulu ʻia nā ʻaoʻao, koe nō ma mua.

I kekahi manawa moe mākou i ka papahele i luna, a i ʻole i ka papahele i lalo. E kipa mau ana ka ʻohana i ko māua hale. No ka manawa hiamoe, hāliʻi ʻia maila ka moena hiamoe. Ala i ke kakahiaka, ʻōwili ʻia, a kāpae ʻia. Pēia me ka manawa e ʻai ai, hāliʻi ʻia maila ka moena no ka papa ʻaina. A ma luna o kēlā moena ʻoe e hoʻokau ai i nā pola me nā pā me nā mea ʻai. Pau ka ʻai ʻana, kāwele ʻia ka moena ʻai a kaulaʻi ʻia ma ka pale lānai a i ʻole ʻōwili ʻia a kāpae.

Emma Kauhi

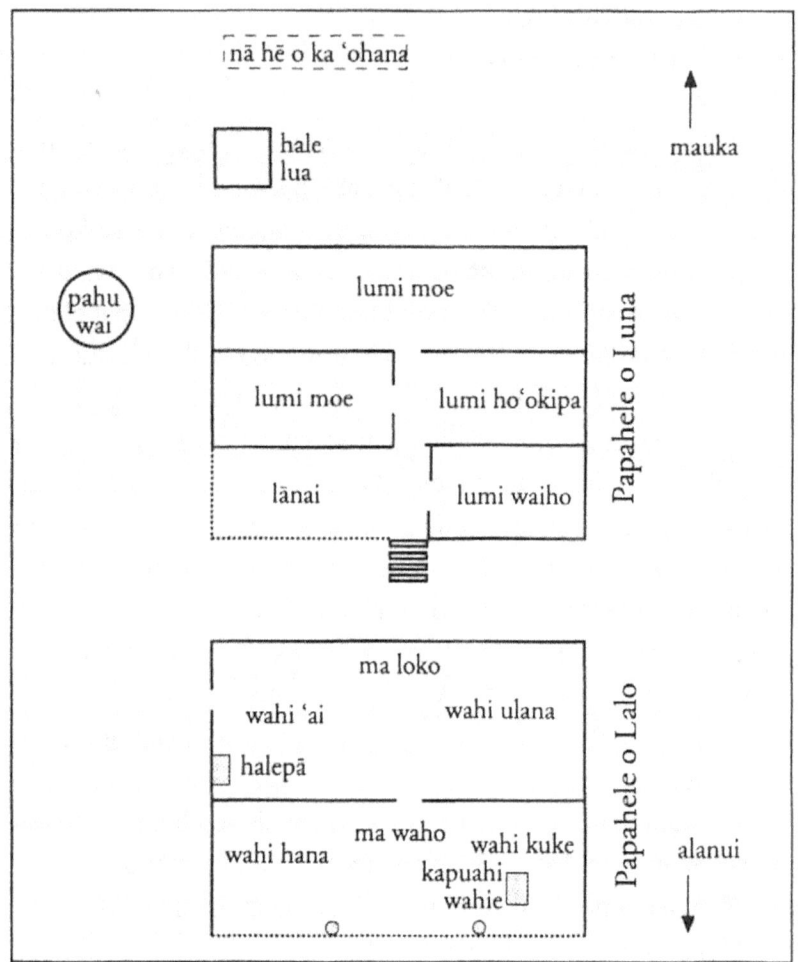

Ki'i 5. 'O ka Hale o Kūkū Mā

He Moʻolelo no Kapaʻahu

Ua maʻamau mākou i ka ʻauʻau i nā lā a pau, no ka mea, e hele mau ana mākou i ke kahakai, a i ʻole i Waiaka, a i ʻole i Punaluʻu e holoi lole ai a ʻauʻau. He māwae wai kokoke i ka hale a ma laila nō mākou e hele ai i kekahi manawa. Akā, ʻo kā mākou wahi makemake loa e hele ai i ka ʻauʻau, ʻo ia nō ʻo Punaluʻu. Ma laila mākou e hui ai, ʻākoakoa ai me nā poʻe o Kapaʻahu. Ma Punaluʻu i aʻo mua ai au i ka ʻauʻau. Nui nā manawa hauʻoli i ko mākou ʻauʻau ʻana ma Punaluʻu.

Ke hoʻomanaʻo nei au, ma kahi paha ʻumi oʻu makahiki i kēlā manawa, he muʻumuʻu ko Kūkū Mā. ʻO ka waihoʻoluʻuluʻu, he hāpala poni. Ua makemake loa au i kēlā lole. No laila. ua noi au iā Kūkū Mā. A ua hāʻawi mai ʻo ia i kēlā lole iaʻu. Ma mua naʻe, ua ʻoki ʻo ia i hoʻopōkole i kēlā lole i kū iaʻu. Ua komo au i kēlā muʻumuʻu a ua nui ka ʻaluʻalu, ʻano kaualakō. Aia naʻe, no koʻu makemake nō, mau koʻu komo ʻana i kēlā muʻumuʻu.

Hoʻokahi lā e pāʻani ana mākou nā kamaliʻi ma ke alanui kaʻa a hele mai kēia kaʻa. He poʻe haole, poʻe mākaʻikaʻi. A ua noi mai lākou iā mākou nā kamaliʻi e lawe iā lākou e hoʻikeʻike i ka heiau ʻo Wahaʻula. A ua lawe mākou iā lākou. A ua nīnau mai kekahi wahine iaʻu, "He aha kēnā lole āu e komo nei?" Pane aku au iā ia, "ʻO ka muʻumuʻu kēia o Kūkū Mā." Lōʻihi kona nānā ʻana iaʻu. I koʻu manaʻo, no ke ʻano aʻiaʻi paha o koʻu ʻili, ʻano ʻehu kuʻu lauoho, no koʻu ʻokoʻa mai kekahi kamaliʻi ʻē aʻe paha. I kēlā mau lā ʻaʻohe a mākou aniani kilohi. No laila, nānā mākou i ka wai mōakāka, a ʻike i ko mākou aka. ʻAʻohe nō hoʻi ka uaki, a nānā mākou i ke aka o ke kumu lāʻau, a i ʻole i ko mākou aka nō, a koho ʻia ka manawa. I ke kakahiaka nui lohe ʻia ka ʻoʻō a ka moa, a ua wanaʻao, a ua maopopo mākou he manawa e ala ai.

I kēlā mau lā, ʻo ka ʻōlelo Hawaiʻi wale nō ka ʻōlelo e lohe ʻia.

Māhele 2. ʻO ka ʻOhana

ʻO Nā Hoahānauna

ʻO ʻAnakē Luika, ke kaikuaʻana o koʻu makuahine, a me kāna kāne ʻo ʻAnakala Kaipo Kaʻawaloa, ua loaʻa iā lāua he ʻumi kūmālua keiki, he mau keiki kāne wale nō, a ʻeono o lākou i puka. ʻO ko lākou hale, ua kokoke i ka hale o Kūkū Mā. Nui koʻu manawa i hoʻonanea ai i ko lākou home. Moe au i laila me koʻu mau hoahānau—moe pū mākou i luna o ka moena lau hala.

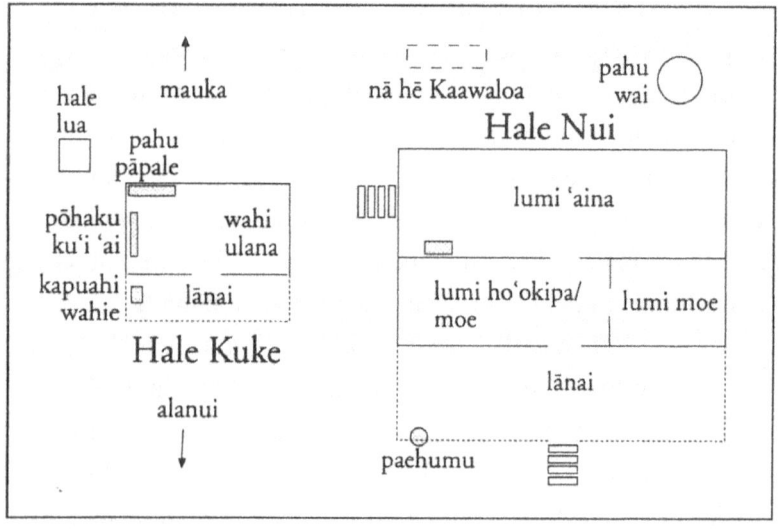

Kiʻi 6. ʻO ka Hale o ʻAnakē Luika a me ʻAnakala Kaipo Kaʻawaloa

He Moʻolelo no Kapaʻahu

ʻO ko lākou hale, he hoʻokahi papahele, ʻo ia hoʻi, hoʻokahi lumi moe a hoʻokahi lumi hoʻokipa a me hoʻokahi lumi ma hope, he lumi lōʻihi, a he lumi ʻaina kēlā. ʻO ka ʻaoʻao ma mua, he lānai. Kaʻawale nō ka hale kuke mai ka hale nui. Hoʻokahi ʻaoʻao o ka hale kuke, pālulu ʻia. Ma laila ʻo ʻAnakē Luika e hana ai kāna ulana lau hala. I loko o laila nō e mālama ʻia ai nā papa kuʻi ʻai, kūkulu ʻia ma ka paia. No nā pōhaku kuʻi ʻai, nākiʻi ʻia me ke kaula a hoʻolewalewa ʻia i luna. Ua ʻōlelo ʻia iā mākou nā kamaliʻi, hoʻokahi manawa wale nō e ʻōlelo ʻia ai mākou, mai ʻaʻe ma luna o ka pōhaku kuʻi ʻai, he ʻihʻihi kēlā. ʻO ka ʻaoʻao ma waho, he lānai hāmama. Hoʻokahi ʻaoʻao, ʻo ke kapuahi wahie. Ma kekahi ʻaoʻao, ma laila e ihi ʻia ai ka ʻai me ke kuʻi ʻana i ka poi. Ma laila nō e hana ʻia ai nā mea ʻai o ke kai, a pēlā wale aku. He wahi hana nō kēlā no ʻAnakala Kaipo, ʻo ka pohopoho ʻupena, ka hana kaula ʻili, ka hana hou i nā noho lio.

ʻO ka hana maʻamau a ʻAnakē Luika ka ulana pāpale lau hala. Ua loaʻa paha iā ia he hoʻokahi kākini a ʻoi pahu pāpale—no nā poʻo kamaliʻi a no nā mākua. Ua hana ʻo ʻAnakē i mau pāpale noʻu. Hoʻokahi no ka hele kahakai ʻana, ʻo kekahi me ka ʻēheu nui no ka hana i loko o ka mala ʻai, ʻo kekahi no ka hele kula, a ʻo kekahi no ka hele ʻana i ka pule. A i kēia wā aia nō au ke komo nei i ka pāpale. Ke hoʻomaopopo nei au iā ʻAnakē Luika. I ke ahiahi ma hope o ka ʻaina ahiahi, hoʻokani ʻo ia i ke kī hōʻalu me ka hīmeni pū. Nahenahe kona leo. Hoʻonanea mākou i ka hoʻolohe. He wahine hōʻeuʻeu ʻo ia.

Ki'i 7. 'O ka Hale o 'Anakē Luika me 'Anakala Kaipo Ka'awaloa

Ki'i 8. 'O ka Hale o Kaipo a me Luika Ka'awaloa, me Kekahi Mau Hoahānau o Emma Kauhi E Kū Ana ma ka Lānai, ma kahi o 1935

He Moʻolelo no Kapaʻahu

ʻO ʻAnakala Kaipo, he kanaka huli holoholona me ka mahi ʻai, ka lawaiʻa. He naʻauao ʻo ia ma ka wānana ʻana i ke au o ka manawa. I kekahi manawa, ʻike au iā ia i ke kakahiaka. E kū ana ʻo ia ma mua i ka pā hale; e hākilo ana ʻo ia i ke ao, ke ʻano o ka puhi ʻana o ka makani, a me ka ʻoē ʻana o ke kai. Pēia ʻo ia e maopopo ai i kāna mea e hana ana no kēlā lā. Ua kanu ʻo ia he mau kumu kope ma hope o kona pā hale. A he mikini wili kope liʻiliʻi [kāna]. Ma ka wili lima ʻo ia e wili ai i ke kope. Ua hānai ʻo ia i mau pipi no ka loaʻa o ka waiū.

ʻO ʻAnakala Mokuhāliʻi, ke kaikunāne o koʻu makuahine, a me kāna wahine ʻo Kuliana, he ʻohana Kahilihiwa ʻo ia, he ʻelima a lāua kaikamahine. Aia ko lākou hale ma kekahi hale aku nō o ʻAnakala Kaipo mā. E hele mau ana au i ko lākou hale e pāʻani ai. I kekahi manawa moe au i laila. ʻO mākou nā kamaliʻi, e hīmeni mau ana mākou me ka ʻukulele, a hui maikaʻi nā leo mele. ʻO ʻAnakala Mokuhāliʻi, e hoʻokani mau ana ʻo ia i ke kī hōʻalu, me ka hīmeni pū. Maikaʻi kona leo kiʻekiʻe. E hīmeni mau ana ʻo ia i ke mele "Ka Ua Loku":

Kaulana wale e ka ua o Hanalei,
E nihi aʻe nei i nā pali.
E hoʻopili ana me ka lauaʻe,
Me he ipo nohenohea i ka poli.
Ka hoene mai nō a ke kai,
Me he ala e ʻī mai ana,
E hoʻi mai nō kāua lā e pili,
Ka ua loku kaulana aʻo Hanalei.

He hale nui ko lākou, hale i luna, hale i lalo. ʻO ʻAnakala me ʻAnakē, he mau mea mahi ʻai lāua. Inā maikaʻi ke kai, hele lāua i ke kuʻi ʻopihi no ke kūʻai ʻana. Hoʻokahi ʻeke mauʻu nui no ʻumi kālā. I kēlā manawa, nui ʻino ka ʻopihi. Ua kūʻai lāua i kaʻa Packard, kaʻa ʻōhua, mai Von-Hamm Young Hui o Hilo. Inā hele ʻo ʻAnakala i Hilo e kūʻai aku i ka ʻopihi, komo ʻo ia i kona pālule pongee me kona pāpale e like loa me ka pāpale Panamā. Aia naʻe, he pāpale kēlā i hana ʻia me ka lau hala maka. Ua kupa ʻia ka lau hala, kaulaʻi ʻia a aʻiaʻi aʻela ka lau hala; a laila, ʻā, ulana ʻia aʻela a hana i pāpale. ʻO ʻAnakē Kuliana, he wahine ulana moena ʻo ia. Ua kaulana ʻo ia no ka maikaʻi o kona ulana ʻana. ʻO ka poʻe mai kahi ʻē mai, hele mai lākou e ʻōlelo kauoha e kūʻai i kāna moena. ʻO ʻAnakala ʻOulu kekahi kaikunāne ʻē aʻe o koʻu makuahine. ʻO kona inoa piha ʻo Sam ʻOulu Konanui. ʻO ia me kāna ʻohana, aia nō ko lākou hale ma kahi kokoke i ka hale o Kūkū Mā. ʻO kāna wahine ʻo Kanoe Kamoku. Ua loaʻa iā lāua ʻeiwa keiki. O ʻAnakē Kanoe, ʻ inā ʻo ia e hana i ka palaoa ʻūlika, palaoa palai, a me ka palaoa mokumoku, ua ʻoi aku ka maikaʻi me ka ʻono.

ʻO ko lākou hale, he hoʻokahi papahele—he hoʻokahi lumi holoʻokoʻa. ʻO ka ʻaoʻao ma Hilo, he wahi moe; ʻo ka ʻaoʻao ma Kaʻū, no ka ʻai ʻana. Aia ma ka ʻaoʻao ma mua he lānai lōʻihi. Hoʻokahi ʻaoʻao o ka lānai he lumi liʻiliʻi. Aia i loko o laila ka halepā no ka mea ʻai. ʻAʻohe he pono hale. ʻO ka moe ʻana, i luna o ka moena. ʻO ka ʻai ʻana, i luna o ka hāliʻi moena. ʻO ka hale kuke, kaʻawale nō ia. ʻO ʻAnakala ʻOulu, maikaʻi ʻo ia ma ka haʻi moʻolelo. Nui nā moʻolelo āna i haʻi ai i ka poʻe. ʻO kekahi o kāna moʻolelo, ua hoʻopaʻa ʻia i loko o ka puke; aia i ka "National Park." ʻO kekahi, ua hoʻopaʻa ʻia ma ka lipine; aia i ka hale puke o ke Kulanui o Hawaiʻi ma Hilo. Ua hānau ʻia ʻo ia i loko o ka makahiki ʻumi kūmāwalu kanawalu kūmāono. ʻO kēlā nō ka manawa e noho aliʻi ana ʻo Mōʻī Kāne David Laʻamea Kalākaua. A ma hope mai i kona wā nō e ola ana, ʻo ia nō ka wā i

He Mo'olelo no Kapa'ahu   21

Ki'i 9. 'O Sam 'Oulu Konanui, ka 'Anakala o Emma Kauhi, Makahiki 1965

ho'okahuli 'ia ai ko kākou Mō'ī Wahine Lili'uokalani Lydia Kamaka'eha. Ua maika'i 'o ia ma ka huli holoholona. Kau 'o ia ma kona lio, hele 'o ia i ke kuahiwi e huli pua'a 'āhiu. Lawe 'o ia hoʻokahi pahi ʻoki me kāna kaula ʻili. I ka nui o ka manawa, hoʻi maila ʻo ia me ka mea āna i hopu ai.

Ka Hele ʻAna I Poupou

He ahupuaʻa ko ko mākou ʻohana, mai ke kuahiwi a ke kai. Ua kāhea ʻia ʻo Poupou Uka a me Poupou Kai. Mai ko mākou kupuna kahiko mai kēia ʻāina. ʻO Waʻaiki kona inoa. Ua make ʻo ia i ka makahiki ʻumi kūmāwalu kanahiku kūmāhā. He ʻekolu āna keiki kāne. Hoʻokahi o kāna mau keiki, ʻo Lono ka inoa a ua loaʻa iā Lono he ʻeono āna keiki. Hoʻokahi, ʻo Kalākualāʻau kona inoa. A maiā Kalākualāʻau mai koʻu kupuna wahine ʻo Kahaʻikauila, koʻu kahu hānai.

Aia i Poupou Kai nā mea maikaʻi he nui. Ua kuhikuhi ʻia mai iaʻu ma laila, ma mua he paena waʻa. Ma kēlā kahakai ua lako i nā mea ʻai o ke kai. ʻAʻole mamao ka wahi e hele ai, a ua lawa ka makemake.

Aia ma laila ka ulu lau hala. Ma laila nō ka ʻohana e hele mai ai i ka ʻohi lau hala. ʻO kekahi kumu lau hala, he hāuli; ʻo kekahi, aʻiaʻi; ʻo kekahi, ʻo ka mea maʻamau. Hana ʻia nō kēia mau ʻano lau hala no ka hana pāpale ʻānoninoni. Komo ʻia kēlā ʻano pāpale no ka wā kūikawā.

Aia nō i Poupou ka māla ʻuala a ko mākou ʻohana, e kanu ʻia ai i loko o ka poho lepo. Hele mākou i Poupou, nā mākua, nā kamaliʻi. Hana nō ʻo ʻAnakē Luika ma ko lākou wahi e kanu ai; pēia nō me ʻAnakala Mokuhāliʻi mā. Inā he hana hiki i nā kamaliʻi ke hana, hoʻohana ʻia mākou. A pau kā mākou hana, hiki iā mākou ke pāʻani. Lawe ʻia mai i poi me ka paʻakai no ka ʻaina awakea. A kokoke i ka wā ʻai, hele mākou i ke kahakai e ʻohi ʻopihi, limu, hāʻukeʻuke, ʻo ia mau ʻano. ʻO kā mākou ʻaina

He Moʻolelo no Kapaʻahu

awakea kēlā, a me nā hua mea ʻai nō e loaʻa ana i kēlā manawa. He pūnāwai kokoke ma laila; ʻo ia kā mākou wai inu.

ʻO ka hala kahiki, ulu wale i loko o nā māwae a i loko o ka ulu kuawa. Ua hana ʻo Kūkū Mā i lei me ka ʻili o ka hala kahiki. Ma hope mai, e loaʻa mai ana ka ʻiole manakuke a ʻai ʻia ka mea ulu o ka hala kahiki. Pau i ka luku ʻia. Ma laila nō nui nā kumu manakō me nā kumu ʻōhiʻa ʻai.

ʻO Poupou Uka, ʻo ka wahi kēlā e kanu ʻia ai ka māla ʻai, ka maiʻa, ke kō, ka uhi. ʻŌlelo ʻia mai iaʻu, ma mua ua noho ʻia kēlā wahi e ka poʻe. Aia ma laila—ua ʻike au—kekahi pūnāwai i hana ʻia me ka ʻākoʻakoʻa. He nui nō kēlā pūnāwai. Akā, i kuʻu ʻike ʻana, ʻaʻohe wai o loko, ua ʻoā ʻia. Nui nā kumu ʻōhiʻa ʻai e ulu ana i laila. Momona ka hua ʻai.

Ka Hele ʻAna I ke Ana

ʻO ka manawa maikaʻi e ulana ʻia ai ka lau hala, aia i ke kakahiaka, a i ʻole i ke ahiahi, a i ʻole i ka pō me ke kukui ʻaila māhu—no ka mea, ʻo nā manawa maʻū kēlā. Inā e ulana ʻia ana ka lau hala i ka wā wela, ʻoʻoleʻa, i kekahi manawa hakahaka a i ʻole kekeʻe ka moena. No laila, inā nui ka moena kauoha a ʻAnakē Kuliana, hele ʻo ia me ʻAnakē Luika e hana i ko lāua ulana ʻana i loko o ke ana. No ka mea, he maʻū o loko o ke ana. Hiki iā lāua ke ulana i ke ao a me ka pō.

ʻO kēia ana hoʻi, he ana nui. Aia ma ka pali kū. Aia kēlā ma ka ʻaoʻao o ke alanui, ma mua pono o ka hale o ʻAnakala Mokuhāliʻi mā. Inā e hele ana ʻo ʻAnakē mā e ulana i ke ana, ʻo mākou nā kamaliʻi, nui ko mākou hauʻoli. Hele mākou me lāua. Lawe mākou i ka lau hala, nā mea ʻai, nā kapa moe, a moe mākou a pau i loko o ke ana. Noho mākou a pau ka ulana ʻana o ʻAnakē mā. I kekahi manawa, no mau lā; i kekahi manawa, piha paha ka pule a 'oi. 'O kēia ana ho'i, ho'okahi 'ao'ao he kapuahi wahie no ke kuke 'ana. 'O kahi o waena, no ka 'ai 'ana me ka hiamoe 'ana. A 'o kekahi 'ao'ao ma 'ō aku, no ka ulana wale nō. Ua pāpā 'ia mākou nā kamali'i, mai hele ma kēlā 'ao'ao. Uhai mākou, nā kamali'i wahine, i nā hana a ko mākou hoahānau kamali'i kāne. Pi'i i luna o nā kumulā'au, pinana i nā pali pōhaku. Kokoke nō ke kahawai 'o Waiaka ma laila. A ma laila mākou e hele ai e holoi i ko mākou lole a kaula'i nō ma luna o ka ulu kuawa pokopoko. Ma laila mākou e 'au'au ai. Hana mākou i mea ho'olana me ka nānaku. Aia i Waiaka ka wahi e lau ai nā manu noho pa'a 'ole i ka 'āina. 'Ike mākou i nā 'ano manu 'oko'a. Kokoke nō i ke ana he pūnāwai. Ma laila e loa'a ai kā mākou wai inu, ka wai kuke. Pau nā hana ulana a 'Anakē mā, halihali mākou i nā mea a pau a ho'i mākou i ko mākou home, a hiki i kekahi wā aku.

Kipa Wale Me Nā 'Ohana

'O 'Anakala Kālai, 'o ia ka mua o nā keiki kāne a Kūkū Mā me Kūkū Pā. Noho 'o ia me kāna wahine 'o Māleka i Waiākea i Hilo. I kēlā manawa e hana ana 'o 'Anakala Kālai ma ke kūkulu 'ia 'ana o ka pale kai ma ke kū'ono o Hilo. 'Ike 'oukou i kēlā 'ano pōhaku nunui hewahewa e kū ala? Ua lawe 'ia mai kēlā pōhaku mai Kapoho mai ma luna o ke ka'aahi pahu. I kēlā mau lā ua holo ke ka'aahi mai Hilo a 'Opihikao, a hiki i Kaueleau i kēlā wahi e kāhea 'ia nei 'o "Iwasaki Camp."
Ua lawe 'o Kūkū Mā ia'u a hele māua i Hilo. Ma kahi paha au o ka 'ehiku a i 'ole 'ewalu o ko'u mau makahiki i kēlā anawa. Hele māua e kipa me 'Anakala Kālai a me 'Anakē Māleka. Noho māua me lāua no mau lā, a 'ike nō au no ka makamua loa i ke aniani kukui uila e lewalewa ana mai ke kaupaku mai a me ka

He Moʻolelo no Kapaʻahu

hoʻoholo wai i ka lua—me ke kaula ʻoe e huki ai no ka wai. ʻO kuʻu ʻike mua ʻana kēlā i ka laiki a ua ʻai au. ʻO loko o ka hale o ʻAnakala me ʻAnakē he pono hale, ke pākaukau, ka noho. Aia e kū ana he moku nui hewahewa i ke kūʻono o Hilo. ʻO ka pena o kēlā moku, ʻo ka hapa ma lalo, he ʻeleʻele; ʻo ka hapa ma luna, he keʻokeʻo. Lohe aʻela au no Iāpana mai kēlā moku. ʻIke au, nui ʻino ka poʻe Kepanī. Nui koʻu hoʻopunihei i nā mea a pau aʻu e ʻike nei.

Hoʻokahi lā e pāʻina ana mākou, ʻōlelo aku nei au iā Kūkū Mā, "E Kūkū Mā, kakale kēia poi." ʻAkaʻaka ʻo ʻAnakala Kālai a ʻōlelo aku nei ʻo ia iā Kūkū Mā, "ʻO kēlā hua ʻōlelo kakale, ʻaʻole i lohe ʻia kekahi keiki e ʻōlelo ana i kēlā hua ʻōlelo. I ka poʻe nunui wale nō e lohe ai ʻoe i kēlā hua ʻōlelo." ʻO ka ʻōlelo maʻamau hoʻi e lohe ʻia, ʻo ia hoʻi, "Ua heheʻe ka poi." I kēlā manawa ʻo ia wale nō ka ʻōlelo e hiki iaʻu ke ʻōlelo, ʻo ia hoʻi ka ʻōlelo Hawaiʻi. ʻO ia nō paha ka mea i lohe ai au i kēlā hua ʻōlelo.

Hoʻomaopopo au i kekahi hele hou ʻana o Kūkū Mā me aʻu i ʻOpihikao, e ʻike i kāna keiki ʻo ʻAnakala Kāwika mā. Noho māua no mau lā. ʻO ko ʻAnakala Kāwika ʻano, he hoʻomakeʻaka, piha ʻeu. Maikaʻi kona leo kiʻekiʻe ma ka hīmeni. Loaʻa iā ia kona waʻa holo lawaiʻa. ʻO kona hale me kāna ʻohana, ʻano liʻiliʻi. Hoʻokahi lumi wale nō. Hoʻokahi ʻaoʻao no ka moe ʻana; ʻo kekahi ʻaoʻao, no ka ʻai ʻana. A ʻo waenakonu, he ʻiliʻili ka papahele. I ke ahiahi ua ʻōlelo ʻia au e hele i waho o ka pā e ʻohi lau māmaki maloʻo no ka hana ʻana i kī e inu ai no ka ʻaina ahiahi. Kokoke i ka hale he ana, he wai welawela. Ma laila mākou e hele ai e ʻauʻau. ʻO ka palena kēia o kaʻu moʻolelo.

Emma Kauhi

Māhele 3. Ka'u Ho'i 'Ana E Noho Me Ko'u Mau Mākua

I loko o 'Okakopa, makahiki 'umi kūmāiwa iwakālua kūmāwalu, hā'ule 'o Kūkū Mā. Ua kanu 'ia 'o ia ma ka 'ao'ao o Kūkū Pā. No laila, ho'i au me ko'u mau mākua e noho ai. Ua kū'ai ko'u makua kāne he mau 'āpana 'āina i Kapa'ahu. Ho'okahi 'o ka 'āina 'o Ka'uka, ka wahi e kū ala ka heiau 'o Waha'ula. 'O kekahi 'ē a'e i Paea, he 'umi 'eka. Ma luna o kēia 'āina 'o ia i kūkulu ai i hale—ho'okahi papahele—a me he hale lio. 'O kēia ka home a mākou i noho ai, 'o wau, ko'u makuahine, ko'u kaikunāne, a me ko'u kaikaina. Noho ko'u makua kāne i Hilo, no ka mea, aia nō 'o ia e hana ana i ka hale 'auhau. No laila, ho'i manawa wale nō 'o ia e 'ike iā mākou.

'O kēia hale a mākou e noho ana, he 'elua lumi moe, ho'okahi lumi ho'okipa me ka wahi lumi 'aina, a he lumi kuke a me ka lumi waiho pā. Ma hope o ka hale nui, he wahi hale no ka holoi lole a me 'au'au 'ana. Ma ka 'ao'ao o kēlā hale, he hale ka'a, a 'o ka pahu wai hana kimeki 'ia. A ma hope o kēia mau hale he holowa'a hānai pua'a. A ma mua loa aku o ka hale he māwae. Ua kūkulu ko'u makua kāne i 'enamakani ma luna o ka māwae wai, a na ka 'ena makani e pāuma wai i ka hale. Ua lako ka home i nā pono hale—nā moe, nā noho, nā pākaukau, he kapuahi 'aila māhu. Aia nō kekahi he uaki nui e kau ana i ka paia a me ke aniani kilohi nui e lewalewa ana ma ka paia. Lako i nā puke heluhelu. 'O ka puke National Geographic ka'u puke makemake loa. 'O kēia mau mea hou a pau, he maika'i. Hō'olu ka noho 'ana. Akā, ke huli nei ko'u no'ono'o i hope no nā lā a'u e noho ana me Kūkū Mā, nui ko'u pūlama no ia mau lā. 'O ia nō ka mea e hiki nei ia'u ke ha'i aku iā 'oukou i kēia manawa i nā mea a'u i 'ike ai a nā mea a'u i lohe ai i kēlā wā.

He Moʻolelo no Kapaʻahu

I nā Lāpule a pau, lawe koʻu makuahine iā mākou i ka pule. Hele wāwae mākou—he ʻelua me ka hapa mile ka mamao—ʻaʻohe kāmaʻa, he pōhaku ke alanui. Aia ka hale pule Kākōlika i Kalapana, ʻo Mālia Hōkū o ke Kai ka inoa o kēlā hale pule. ʻO Father Evarist ke kahuna pule. I ka manawa o ka pule meka, pule ʻo ia me ka Lākina, a pule ka ʻaha pule me ka ʻōlelo Hawaiʻi. ʻO Kanoe Kalehuloa ke alakaʻi. He poʻe Hawaiʻi wale nō nā hoahānau. Heluhelu lākou me ka puke pule Hawaiʻi, hīmeni ma ka Hawaiʻi. Aʻo mākou, na kamaliʻi, hīmeni mākou i nā hīmeni haole a me ka Lākina. Na Father Evarist nō i aʻo iā mākou.

Ua hele au i ke kula o Kalapana a hiki i ka papa ʻeono. Ua ʻōlelo mai ʻo ʻAnakē Kanoe iaʻu, i koʻu hele mua ʻana i ke kula, he walaʻau Hawaiʻi wale nō au i ke kumu kula, no ka mea, ʻaʻole i hiki iaʻu ke walaʻau haole. ʻOiai walaʻau haole maila ke kumu kula iaʻu, a he lohe nō ʻo ia i ka ʻōlelo Hawaiʻi. I ka manawa kula, ua hoʻopaʻi ʻia au no ka ʻōlelo Hawaiʻi i loko o ka pā kula i ka manawa hoʻomaha liʻiliʻi. Ma mua o ka pau ʻana o ke kula, hoʻomaopopo maila ke kumu kula i nā haumāna. ʻŌlelo maila, "Hoʻi ʻoukou i ko ʻoukou home, mai ʻōlelo Hawaiʻi, ʻōlelo haole wale nō." Hōʻea au i ka hale, walaʻau Hawaiʻi wale nō au, no ka mea, ʻaʻole i hiki iā Kūkū Mā ke namu haole.

Ma hope o ka pau ʻana o koʻu hele ʻana i ke kula i Kalapana, ua nui koʻu ʻiʻini e hoʻomau i ka hele ʻana i ke kula. Akā, ua ʻōlelo mai koʻu makuahine iaʻu, ua hiki iaʻu ke heluhelu a kākau. Ua lawa kēlā ʻike. No ka mea, e hiki mai ana he lā e male ana au a loaʻa kaʻu ʻohana. No ka nui loa o koʻu ʻiʻini e ʻimi i ka naʻauao, pūliki au i kaʻu mau puke a uē au.

Emma Kauhi

Ki'i 10. 'O Emma Kauhi ma Kona Makahiki 'Umi Kūmāono

'O ko'u makuahine, he Kalikiano 'o ia. Akā, mana'o'i'o nō 'o ia iā Pele. 'O Pele ho'i ke akua wahine o ke ahi. Ua ha'i mai 'o ia ia'u, "Na Pele kēia 'āina. Nāna nō i hana i kēia 'āina. He noho manawa wale nō kākou ma luna o kēia 'āina. No Pele, e mau loa ana 'o ia ma 'ane'i nei. No laila, inā 'o ia e hele mai ana, 'o kona kuleana nō kēia." 'O kekahi mea 'ē a'e a ku'u makuahine i 'ōlelo mau ai ia'u, 'o ia ho'i, "Ua hala ko kākou mau kūpuna; akā, aia nō ko lākou 'uhane ke 'ike nei a ke lohe nei iā kākou, 'oiai 'a'ole hiki iā kākou ke 'ike aku iā lākou."

Ho'omana'o a'ela au, ho'okahi pō, kōnane ka mahina, ua 'ākoakoa mākou nā po'e keiki, a e noho ana mākou i luna o ka mau'u mānienie ma mua o ka hale e ho'olohe iā Māmā. E ha'i mai ana 'o ia iā mākou he mo'olelo. Ia'u e ho'olohe ana, ua huli

He Moʻolelo no Kapaʻahu

koʻu alo a e nānā ana au i ka mahina a ʻike akula au i ke ānuenue. Nui nā waihoʻoluʻu a ua hoʻopuni ʻia ka mahina, ʻaʻohe ao o ka lani. I ka pau ʻana o kāna moʻolelo, nīnau au iā ia, "E Māmā, ʻike ʻoe i kēlā ānuenue nani; no ke aha lā kēlā?" Nānā aʻela ʻo ia i luna i ka mahina, a kali iki ʻo ia a nānā hou, a ʻōlelo maila ʻo ia, "E ʻino ana kākou." Hoʻomaopopo au, he mau pule ma hope mai, nui ko mākou ʻino—nui ka ua, ka makani, ka hekili, ka uila. ʻAʻole hiki iā mākou ke hele i waho e pāʻani ai no ka manawa ʻano lōʻihi. ʻAʻole hiki ke hele i ke kahakai e ʻohi mea ʻai ai. Ke hoʻāla nei koʻu noʻonoʻo, pehea lā i maopopo ai iā ia ka wānana ʻana e pili ana i kēlā wā ʻino. Ke haʻohaʻo nei au.

Ma kahi paha o koʻu makahiki ʻumi kūmāhā, ʻo ia ka manawa i hoʻomaha mau loa ai koʻu makua kāne a hoʻi maila ʻo ia e noho me mākou i Kapaʻahu. ʻO ka makamua loa kēia aʻu i hoʻokamaʻāina ai me koʻu makua kāne. He kanaka leo ʻoluʻolu ʻo ia. No koʻu lā hānau ua kūʻai ʻo ia noʻu koʻu lole ʻauʻau mua loa, koʻu paʻa kāmaʻa mua loa, a me ka ʻukulele. Ua aʻo ʻo ia iaʻu i nā lula launa i ke pākaukau i ka wā e ʻai ai. Hoʻomaka ʻo ia i wahi hānai holoholona a lilo ʻo ia i kahu pipi. Ua hānai ʻia ka pipi no ke kūʻai ʻana a me ka ʻai ʻana, a me kekahi mau ʻano holoholona a me nā manu ʻai ʻē aʻe. No laila, nui kā mākou hana i nā lā a pau—ʻuī i ka pipi waiū, hānai i ka puaʻa, ka moa, ka pelehū, ka lio. He kanaka hana koʻu makua kāne, akā, hana pū mākou me ia. Mai kēlā manawa mai ʻaʻole au i hana hou i loko o ka māla ʻai, no ka mea, kūʻai ʻo Pāpā i ka poi mai ka hale hana poi mai. Kūʻai ʻo ia i ka paʻakai mai ka hale kūʻai mai. Aʻo ʻo ia iaʻu a me Māmā i ke kuke ʻana o kekahi mau ʻano mea ʻai, like me ka "stew," ka moa palai, ke kele kuawa, a me ka hana ʻana i ka waiūpaka, ka ʻiʻo holoholona uahi. He ʻai nō ʻo ia i nā mea ʻai Hawaiʻi, ʻoiai he haole piha ʻo ia. ʻAʻole nō ʻo ia i mākaukau loa i ka ʻōlelo

Emma Kauhi

Hawai'i, akā, ma ka lohe 'ana maika'i 'oia. 'O ka'u 'ōlelo ma'amau, 'o ka 'ōlelo pa'i'ai. Akā, inā au e hui me nā po'e kūpuna, wala'au au ma ka 'ōlelo makuahine, no ka mea, 'oi aku ka ma'alahi ia'u a ua aloha nō au i ka 'ōlelo makuahine.

Noho au me ko'u mau mākua a hiki i ko'u male 'ana iā Herman. Ua 'umi kūmāiwa me ka hapa o'u makahiki i kēlā manawa. E hana ana 'o Herman me ka hale pauahi i Hilo. A noho māua i ka hale ho'olimalima no $15 o ka mahina; he 'elua lumi moe o kēlā hale. Aia kēlā i ke kaona 'o Hilo. No'u iho, he mea hou loa kēia ia'u, 'o ke 'ano o ka noho 'ana i ke kaona. He maika'i nō kēia loli, akā, i loko o'u ua minamina au i nā mea a'u i ha'alele ai i hope—ke kahakai, ka 'ohana, ka 'āina.

Ua loa'a iā māua me Herman 'ehā keiki, keiki kāne wale nō. 'O ka'u keiki helu 'elua, ua loa'a iā ia ka hana ma ke kīwī, mea hana keaka, i loko o ka māhele Hawai'i 5-0, i loko o nā makahiki 'umi kūmāiwa kanahiku kūmāhiku a hiki i ka 'umi kūmāiwa kanahiku kūmāwalu. 'O kona kūlana, he māka'ikiu Hawai'i, a ua kapa 'ia kona inoa 'o Kono.

Ma kahi o kanakolu kūmālima makahiki ma hope mai, ua ho'okō au i ko'u 'i'ini no ko'u ho'ona'auao. Ua loa'a ia'u ka palapala mai ke kula ki'eki'e mai. Ua hele au i ke kulanui no ka ho'omau 'ana i ka ho'ona'auao a ua ho'okō au i ko'u 'i'ini.

Inā wau no'ono'o a'e i kēlā mau lā i hala, nui ko'u pūlama i nā mea a'u i 'ike ai a me nā mea a'u i lohe ai o ka po'e Hawai'i. 'O ka palena kēia o ka'u mo'olelo.

He Moʻolelo no Kapaʻahu

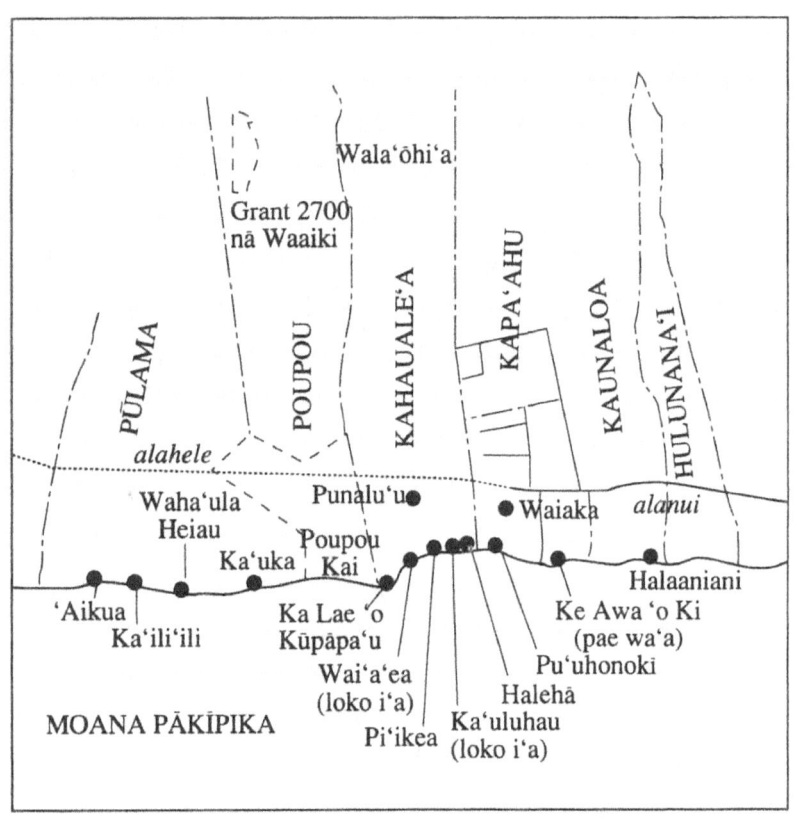

Kapaʻahu a me nā Wahi Pili

He Moʻolelo no Kapaʻahu

Moʻolelo 3. Ka Holoholo Kahakai

E hele ana kākou i ka holoholo. E hele kākou i ka holoholo kahakai, ʻeā? He wā kai make kēia. Hiki nō ke ʻōlelo ʻia e hele ana kākou i ka holoholo kahakai. E hele kākou me ka mākaukau—ʻeke no ka ʻopihi, no ka limu, me ka pahi kuʻi ʻopihi nō hoʻi. E hoʻomaka ana ko kākou ala hele ma Kaunaloa mai a e hele ana kākou ma ka ʻaoʻao ma Kaʻū a hiki i Laeʻapuki. He wahi ʻopihi wale nō kēia mai ʻō a ʻō. Hele mai kākou a eia nō ke awa ʻo Kī, a mai Kī aku a hōʻea kākou i Halehā. He laupapa ma laila. A ma Halehā nō, kēia laupapa, nui ʻino ka limu kohu e loaʻa mai. Akā, ʻo kēia laupapa limu, ʻaʻole hiki iā ʻoe ke hele i nā wā a pau, no ka mea, e uhi mau ʻia ana e ka nalu. Aia nō a he kai maikaʻi, ʻā, hiki iā ʻoe ke hele e huki i ka limu ma kēlā laupapa. A ma ʻō mai ʻo Puʻuhonokī nō ia. Ma laila he poho wai ʻano liʻiliʻi a inā kau ka moi liʻi, ʻo ia hoʻi kēlā moi pēpē, ma laila ʻoe e hele ai, ma laila mākou e hele ai me ka ʻupena kaʻi e hopu ai i ka moi liʻi. Aʻo kēlā mea ʻo ka moi liʻi, he ʻono nō kēlā. Kaulaʻi ʻoe a ʻano maemae a ʻai ʻoe a ʻono. A ma ʻō aku nā ʻano pōhaku pālahalaha nunui. He wahi maikaʻi kēlā e ʻohi ai i ka limu līpaheʻe. ʻO kēlā ʻano limu hoʻi, liʻiliʻi, ʻaeʻae. A ʻo ke ʻano o ke kiʻi ʻana i kēlā limu, e kopekope ʻoe me ka pahi. ʻO ia ka mea inā ʻoe e kiʻi ana i kēlā limu. E hele ʻoe e nānā i ka pōhaku pālahalaha wale nō, no ka mea, kopekope maila ʻoe. Inā he pōkahu pālahalaha, ʻā, ʻaʻohe nui ka ʻāpana liʻiliʻi o ka pōhaku e komo mai ai i loko o ko ʻeke. A ʻo kēlā ano limu hoʻi, he pala koke. No laila, inā ʻoe e hele ana e ʻohi i ka limu līpaheʻe, pono ʻoe e kali a mamua o kou hoʻi ʻana, ʻā, ʻo ia ka wā kūpono e kiʻi ai i kēlā ʻano limu. A ʻo kēlā limu hoʻi, maikaʻi kēlā limu i ka hui me ka ʻopihi. He ʻaʻala. ʻAʻala ke ʻano o kēlā limu.

Emma Kauhi

A hele hou aku a hōʻea kākou ma Kaʻuluhau. Ma laila nō he poho wai, poho wai nui, ʻano hohonu. A ma kēlā wai ʻo ʻAnakala mā, ʻAnakē mā, mākou nā poʻe kamaliʻi, e kuʻikuʻi ai i ka ʻauhuhu. A kiloi akula ʻoe i kēia ʻauhuhu i loko o kēlā wai. A ʻike akula ʻoe i ka iʻa, ʻano pāhola—kekahi hua ʻōlelo hoʻi, kākāola—a kākāola maila ka iʻa. A laila, ʻā, lele akula mākou i loko o ka wai a ʻohiʻohi akula i ka iʻa. Aʻo ka iʻa makemake ʻole nō, kiloi hou ka poʻe i kēlā iʻa i loko o ke kai, hoʻokuʻu ʻoe. A ma hope nō, ʻā, pohala hou mai ka iʻa.

A ma ʻō aku o Kaʻuluhau, ʻo Piʻikea kēlā. Ma kēlā wahi ʻike ʻoe i kēia pōhaku, pōhaku nui. A ʻōlelo ʻia mai he pōhaku kūʻula kēlā. Nui kēlā pōhaku e kū ala ma laila, ma luna nō o kahi pāhoehoe. ʻAʻohe pōhaku ʻē aʻe ma laila; ʻo kēia pōhaku nui wale nō. Ma kahi paha o ʻelima kapuaʻi a ʻoi ke kiʻekiʻe a ma kahi paha o ʻeono kapuaʻi a ʻoi ka laulā. ʻAno poepoe nō kēlā pōhaku a ua kokoke kēlā pōhaku i ka ʻae kai. Akā, pehea ka nui me ka ikaika o nā kai piʻi no nā manawa a pau, ʻaʻole i hōʻoni ʻia kēlā pōhaku. Ua ʻike au hoʻokahi kai piʻi ʻana. Ua nui nā pōhaku nunui ua lawe ʻia mai e kēlā kai piʻi a hala i loko o ka ʻāina. Mai hea mai lā kēia mau pōhaku nunui? Akā, ʻo ka pōhaku ʻo Piʻikea, ʻaʻole i hōʻoni ʻia. ʻAe, ʻo ia mau nō kēlā pōhaku a hiki i ka uhi ʻia ʻana e ka pele.

A ma kēlā wahi nō ma Kaʻuluhau me Piʻikea, he lae maikaʻi no ka huki limu, ka limu kohu. Ma laila nō he limu līpoa a ma laila nō he wahi e kiʻʻi ai kākou i kēlā mea i kāhea ʻia ʻo ka ʻōkole. ʻAno like ka ʻōkole me ka loli, akā, ʻo ka loli, lōihi; ʻo kēia, ʻo ka ʻōkole, he ʻano poepoe. A ʻaʻohe iwi a ʻano ʻulaʻula kona ʻano. Aia kēia ʻano mea ma lalo o ka pōhaku. ma lalo o ke ana e kiʻʻei ai ʻoe, e huli ai. A loaʻa iā ʻoe, a laila, a, kūolōlo ʻoe i luna o ka pōhaku a hemo wale maila ka walewale, no ka mea, nui ka

He Moʻolelo no Kapaʻahu 35

walewale o kēlā ʻano mea, ʻo ka ʻōkole. A kupa ʻia me ka wai niu a ʻano like nō kēlā me ka heʻe; kāmūmumu i ka naunau. A ma kēia mau wahi nō, nui ʻino nō ka pūpū, ka pipipi, ka hāʻukeʻuke, ka limu—limu kōʻele—a ʻo ka heʻe pali nō hoʻi, ka ʻaʻama, ka paiʻea. A ma kēlā wahi ʻo Kaʻuluhau, he wahi one keʻokeʻo nō. A ma laila nō ka ulu niu. Inā makewai mākou, ʻā, hele akula, piʻi akula i ke kumu niu e lūlū niu ai, a ʻo ia nō kā mākou, ʻo ka niu ʻōpiopio. ʻO ia nō kā mākou niu e inu ai i ka wai.

A ʻo ke ʻano hoʻi o ka hana ʻana o ka hāʻukeʻuke, inā ʻoe e nānā i ka hāʻukeʻuke a ʻike ʻoe i ka pupupu o ka waiho ʻana, a kiʻi ʻoe he mau hāʻukeʻuke ʻelua, ʻekolu paha a kīkē ʻoe. A inā ʻiʻo, ʻā, ua ʻiʻo nā hāʻukeʻuke a pau ma laila. Inā ʻaʻole ʻiʻo, ʻā, ʻaʻole nō i ʻiʻo kekahi hāʻukeʻuke ʻē aʻe. Akā i ka wā ʻiʻo o ka hāʻukeʻuke, ʻā, ʻo ia nō ka mea āu e kuʻi ai a hoʻihoʻi aku i ka hale. A kīkē ʻia kēia hāʻukeʻuke, hoʻokomo i loko o ke pola me ka wai liʻiliʻi. A ʻo ia ke kai, a kūpono kēlā mea i ka hoʻohui me ka iʻa maka. Lomi ʻoe i ka iʻa maka a ninini ʻoe i ke kai hāʻukeʻuke a ʻono kēlā mea i ka ʻai. Kekahi nō hoʻi, hiki iā ʻoe ke ʻai i ke kai hāʻukeʻuke me ia wale nō.

A ʻo ka pūpū, he mea maikaʻi nō kēlā ʻo ka pūpū, ʻā, pipili ma ka paia ma ka pali. Ma ka pali pōhaku, ma laila ʻoe e huli ai i loko o ka limu. ʻO ke ʻano o ka noho ʻana o ka pūpū, inā ʻoe nānā, ua like nō me ka limu. A ʻo ka ʻopihi nō hoʻi, he ʻano ʻopihi ʻano ʻokoʻa nō, ʻo ka ʻopihi ʻālinalina, ʻo ia hoʻi, ka ʻopihi ʻano melemele o kona ʻiʻo a ʻo ia ka ʻopihi makemake loa ʻia. ʻO kahi e loaʻa ai kēlā ʻopihi, aia ma kahi e poʻi mau ʻia e ke kai. ʻO kekahi ʻano ʻopihi, ʻo ka makaiauli, ʻo ia ke ʻano ʻopihi ʻano hāuliuli mai. ʻO kēlā ʻano ʻopihi, he kau nō i luna. Ma lalo o ka pōhaku ʻoe e nānā ai a ma laila ʻoe e ʻike ai ma kahi maʻū. A ʻo kekahi ʻano ʻopihi, ʻo ka ʻopihi kōʻele, he ʻopihi nunui. A ʻo ia ke ʻano o ka iwi ʻopihi, he iwi ʻopihi maikaʻi no ka ihi ʻai. A haʻalele kākou iā Piʻikea, hele aku kākou ma Kaʻū aku a ʻo Waiʻāʻea kēlā. A ma laila ka loko nui, loko wai. Ma laila ka iʻa, loko iʻa. A ma kahi pāpaʻu o ka wai, ma laila mākou e kiʻi ai i ke kūpeʻe. ʻO kēia mea ʻo ke kūpeʻe, aia nō a he wā kau, a laila, ʻā, hele mākou e kiʻi i ka pō pouli. A i ke ao, i ka wā ao, hoʻi kēlā mea ma lalo o ka pōhaku, ʻo ke kūpeʻe. A i ka pō pouli, ʻā, hemo maila. A i ka manawa kūpono, ka manawa kau, ʻo ia ka manawa e hele ai e ʻohi. A ma kēlā wahi nō ʻo Waiʻāʻea, he kumu milo nui ʻano kau i luna. A ʻo kēlā kumu milo, he wahi kēlā a mākou e hoʻomaha ai, e ʻai ai, a inā ʻoe e kali ana i kekahi poʻe, ʻōlelo ʻoe, ʻā, "Hui aku kākou ma ke kumu milo." A ua maopopo iā ʻoe kēlā, ʻo ia kēlā kumu milo. A ma Waiʻāʻea nō hoʻomaka kēia ahupuaʻa ʻo Kahaualeʻa. A ua ʻōlelo ʻia mai iaʻu, ma mua, i ka wā ma mua, ka manawa nō paha ia ʻaʻohe ka nahele e like me kēia manawa, ʻā, he wahi pālahalaha a he kula. A i ka wā kahiko, i nā wā o ka makahiki, ma laila e hoʻokūkū ai nā mea pāʻani. A ʻo kēlā ahupuaʻa hoʻi, ʻo ia kahi i kūʻai ai ʻo ke Campbell Estate mai kai a hiki i uka i ke kuahiwi.

A haʻalele kākou i kēlā wahi, neʻe aku kākou, hele aku kākou ma ʻō aku a ʻo ka lae kēlā ʻo Kūpāpaʻu e ʻoiʻoi ala i waho. ʻŌlelo mai ʻo ʻAnakē Luika, ma mua aia ke kai i waho aku a ma kēlā wahi ʻo ka lae ʻo Kūpāpaʻu he ana nui. Ma laila ka poʻe ma mua e ulana moena ai i loko o kēlā ana. A no ke ōlaʻi hoʻi, ua haneʻe ka ʻāina i lalo, a ma ia manawa mai ua hōʻea mai ke kai i ka lae ʻo Kūpāpaʻu, a aia kēlā ana i loko o ke kai. I kekahi wā aʻe, ua hele kuʻu hoahānau i ka ʻō iʻa, ʻo ia kā lākou mea hana mau, he ʻō iʻa. A ua lohe ʻo ia i kēia moʻolelo e pili ana i kēia ana ma Kūpāpaʻu. A ua luʻu ʻo ia i loko o ke kai e huli ai i kēlā ana. A ua loaʻa ia ia

He Moʻolelo no Kapaʻahu

kēlā ana. ʻŌlelo mai ʻo ia, "Ō, aia nō kēlā ana, nui kēlā ana." Akā, i kona ʻike ʻana, he manō ko loko. No laila, ʻā, ʻaʻole ʻo ia i kokoke loa ma laila. Akā, i kēia manawa hoʻi, ua uhi ʻia kēlā lae, uhi ʻia e Pele.

A hele aku ma ʻō aku, ʻo Poupou Kai kēlā, ʻo ia hoʻi ko mākou [ka ʻohana Konanui me ka ʻohana Punahoa] ahupuaʻa. A ma kēlā wahi he awa pae waʻa nō. Aia naʻe, ʻaʻole wau i ʻike i ka hana ʻia o kēlā wahi pae waʻa. A ʻo kēlā wahi nō ʻo Poupou Kai, ma laila koʻu mau ʻohana i mahi ʻai ʻuala ai. He kīpuka lepo ma laila, a ulu ka ʻuala ma laila. Nui ʻino nā kumu lau hala e ulu ala ma laila. A ma laila mākou e hele ai i ka ʻohi lau hala me ʻAnakē mā. Aʻo kēlā wahi hoʻi, ua kamaʻāina iā mākou nā kumu hala lau hala keʻokeʻo, nā kumu lau hala hāuliuli. A no laila, inā ʻoe hele ma laila, ʻā, aia nō i kāu mea e makemake ai, ʻā, ma laila nō ʻoe e hele ai e kiʻi.

A ʻo kekahi mea nō, ʻo ka mea nui o kēlā wahi ʻo Poupou, ʻo ia hoʻi ka hala kahiki. Ma mua, i koʻu wā ʻōpiopio, nui ʻino ka hala kahiki ulu wale, ulu wale ma laila. A hele mākou ma laila e ʻohi, e ʻohi hala kahiki ai i ka manawa pala o ka hala. Inā mākou e hele, hele ma ke pahi ʻole. Hele akula ma laila a ʻohi akula i ka hala kahiki pala. A hele mākou e huli i pōhaku, pōhaku ʻoiʻoi. A ʻo kēlā pōhaku ʻoiʻoi, ʻo ia ka mea āu e kuʻikuʻi ai i ka hala a nohā ka hala a pēia mākou e ʻai ai. A hoʻihoʻi i kekahi hala kahiki pala no ka home. A ʻo kuʻu kupuna wahine, Kūkū Mā, hana mau ʻo ia i ka lei hala. ʻO kēia ʻano lei hala hoʻi, ʻokiʻoki ʻo ia me ka pahi liʻiliʻi. ʻOkiʻoki pākahi ʻia kēia, ʻo kēia ʻili hala nō. A ma ke kihikihi o ka ʻili, ʻā, kolikoli ʻia ka ʻiʻo, a ʻo ia ka mea e kui ʻia a i hana ʻia i lei hala kahiki. ʻAʻala kēlā ʻano lei hala. Inā ʻoe e hana i kēia lei, hiki nō iā ʻoe ke hoʻokau i luna o kou pāpale. Aia naʻe, ka hana maʻamau, kau ʻia i luna o ke kui ma waho mai o ka paia o ka hale. Hiki iā 'oe ke honi i kēia 'ala o kēia lei hala he mau lā paha, piha ka pule. A ho'okahi wale nō mea 'a'ohe maika'i loa o kēia lei hala, nui 'ino ka pīnonanona. A mai Poupou aku, ma 'ō aku, 'o ia ho'i 'o Ka'uka. A 'o kahi kēlā o ka heiau, 'o Waha'ula Heiau. A ma laila nō, nui ka ulu niu a me ka ulu kukui. A ma laila mākou e hele ai, 'o ko'u makuahine, 'o ko'u kaikunāne. No ka mea ua kū'ai ko'u makua kāne, W. J. Stone, i kēlā 'āina. No mākou kēlā 'āina. A hele mākou ma laila e 'ohi mau'u kūkaepua'a ma lalo o nā kumu kukui. A 'o kēlā mea, he mea 'ai kēlā na ka lio, na ka hoki. A inā mākou hele ma laila, hele mākou me ka hāmau o ka leo. Inā mākou komo i loko o kēlā heiau me ko'u makuahine, pāpā 'ia mākou, "Mai holokē ma 'o ma 'ane'i. Hāmau ka leo." Pēia ihola ke 'ano, no ka mea, ua maopopo, ua 'ōlelo mau 'ia kēlā wahi, 'o kēlā wahi, he wahi aia nō ke kau ala ke kapu a hiki i kēia lā. I ku'u hele 'ana ma laila i loko o ka makahiki 'umi kūmāiwa kanahiku kūmāiwa, ua hele au ma laila no ka holoholo wale nō ho'okahi lā. A lohe au i ke 'ō. I ku'u lohe 'ana i kēlā leo 'ō, a ua pane au; ua 'ō aku au. Ua kuhi au he mea paha e hele mai ana ma hope o'u. Aia na'e, i ku'u pane 'ana me ko'u 'ō 'ana, lohe hou wau i ka lua o ka manawa i ke 'ō; akā, ua 'ano 'oko'a ko'u lohe 'ana i kēlā pane 'ana mai o kēlā 'ō. Ua 'ano palupalu ke 'ano o ke 'ō 'ana. A ua maopopo ia'u, 'a'ole kēlā he kanaka. Ho'i au a ka hale, kama'ilio au iā 'Anakē Maraea Roberts a 'ōlelo mai 'o ia ia'u, "'A'ole kēlā he mea 'ino'ino. Nānā maila nō paha nā kūpuna a aloha maila i kou hele ho'okahi." 'Ae. 'O kekahi mea nō ma Ka'uka, nui 'ino nā kumu milo, a he mau kumu wiliwili. 'O ia nā 'ano mea e ulu ala ma laila.

Ha'alele kākou iā Waha'ula Heiau. Hele kākou ma 'ō aku: 'o Ka'ili'ili aku nō ia. A 'o kēlā wahi 'o Ka'ili'ili, he wahi noho 'ia

He Moʻolelo no Kapaʻahu

nō hoʻi e ka poʻe ma mua, no ka mea, hiki nō iā ʻoe ke ʻike, aia nō ke kū ala nā wahi kohu kahua hale, kohu mea he wahi kuke, aia nō ma laila. A maikaʻi kēlā wahi ʻo Kaʻiliʻili, no ka mea, he nui nā pōhaku pālahalaha, kahi maikaʻi no ka hele ʻana i ke kahakai, ke kuʻi ʻopihi. He wahi maikaʻi nō e ʻauʻau ai. Ma laila nō mākou kamaliʻi e ʻauʻau ai, inā mākou e hele ma laila. A ma ʻō aku o Kaʻiliʻili, ʻo ʻAikua. He ano lae liʻiliʻi ma laila, a ma laila nō ʻo ʻAnakala Kaipo e hele ai e pīpī ulua. A ʻo ka mākoi āna e hele ai i ka pīpī ulua, he pou ʻōhiʻa. ʻAno nui nō kēlā ʻano pou, ʻano kaumaha; akā, no ka nui nō paha o kēlā ʻano iʻa ʻo ka ulua, a ʻo ia nō ke kumu o kēia pou ʻōhiʻa. ʻO ia ka pou, ka mākoi i kūpono. A ʻo ka maunu, he puhi. ʻO ia ka maunu o ka pīpī ulua. A i ka pō ʻo ia e hele ai.

A ma ʻō aku, ʻo Kamoamoa. Maikaʻi nō kēlā wahi ʻo Kamoamoa no ke kā mākoi, no ke kiloi ʻupena. He lua moi ma laila. Maikaʻi no ke hele kahakai, ka ʻopihi, ka limu. A ʻo kēlā wahi, ʻo Kamoamoa, ua noho ʻia e ka poʻe kahiko ma mua, a aia nō ke kū ala ma laila nā kahua hale, kahua hale waʻa. A hoʻoiho nō ma laila, he awa pae waʻa. I kuʻu wā liʻiliʻi, ua ʻike au he pūnāwai ko laila ma mua; akā i kēia manawa hoʻi, ua uhi ʻia e ke kai piʻi. He mau pā pōhaku. ʻO koʻu makua kāne, he kahu pipi ʻo ia a i ka manawa hoʻohuli o ka pipi, lawe ʻia maila ka pipi a hiki i Kamoamoa. Akā, ua hoʻomaka ka hoʻohuli pipi mai Pānau mai. He hale kuahiwi nō i kūkulu ai koʻu makua kāne ma Pānau. A ua kau au ma ka lio me ka poʻe paniolo. Hele mākou a hiki i Pānau a he kanaka hana nō e noho ana ma kēlā hale kuahiwi, ʻo ia hoʻi, ʻo ʻĀkoni. A moe mākou me nā poʻe paniolo i Pānau. ʻO kēlā wahi, ʻo kēlā hale o Pānau, ʻaʻole nō mamao loa aku mai ka hale o Kaleikini Peʻa mā. A moe mākou i Pānau no kēlā pō. I kekahi lā aʻe i ke kakahiaka nui, hoʻomaka kēia hoʻohuli pipi mai Pānau mai a ke kula, a hoʻohuli ʻia maila kēia pipi a hiki i Kamoamoa i loko o kēlā mau pā ma laila. A ma laila nō kuni ʻia ka pipi. A pau nā hana a nā paniolo, hoʻokuʻu ʻia akula kēia pipi i ke kula, a pau kēlā hana.

Aia aku nō ʻo Laeʻapuki ma ʻō aku. He wahi maikaʻi nō ʻo Laeʻapuki no ke kahakai, no ke kuʻi ʻopihi, ka limu. A ma Laeʻapuki, he ulu niu a he pā hale nō a he hale kahakai a kuʻu makuakāne i kūkulu ai ma laila. A ua kūkulu nō ʻo ia i ʻena makani me nā pahu wai. Ma laila ka pipi e hele mai ai e inu wai. A no laila, ua hōʻea maila kākou i Laeʻapuki. ʻO ka palena kēia o ko kākou wahi e hele nei i ka holoholo. No laila, ʻā, e hoʻi kākou.

He Moʻolelo no Kapaʻahu

Moʻolelo 4. ʻO Ka Hana A Ka Poʻe

A. ʻO Ka ʻOhi ʻAna O Ka Paʻakai

E haʻi aku ana au i ka moʻolelo e pili ana i ka ʻohi ʻana o ka paʻakai ma ko mākou ʻāina ʻo Kapaʻahu i Puna no ka makahiki ʻumi kūmāiwa iwakālua kūmālima, ma ia mau makahiki. A ʻo ka ʻohi ʻana o ka paʻakai, ʻo kekahi hua ʻōlelo e lohe ai au i ka ʻōlelo ʻia, ʻo hāhāpaʻakai, hoʻokahi hua ʻōlelo. He mea nui ka paʻakai i ka poʻe Hawaiʻi no ka hoʻomiko ʻana i ka mea ʻai—nā mea ʻai o ke kai, nā ʻiʻo holoholona. Aia nō a miko nā mea ʻai, a laila, ʻono nā mea ʻai. Ma ke kōpī ʻana o nā mea ʻai, pēia nō e mālama ʻia ai nā mea ʻai i ʻole e ʻinoʻino. ʻO kekahi nō, ma ka hana ʻana o ka lāʻau hoʻola kino, hoʻohui ʻia nō ka paʻakai me ka lau nahele. ʻAʻole nā lāʻau a pau. Aia nō ma kāu lāʻau e hana ai. Inā he hoʻolewa, a pau ka hoʻolewa, a hoʻi maila ka poʻe i ka hale, he poʻe nō e noho ana i ka hale a ua hoʻomākaukau lākou i wai paʻakai, ʻo ia hoʻi, he pola wai i hoʻokomo ʻia ai ka paʻakai liʻiliʻi i loko. A ʻo ka wai paʻakai kēlā. Ma mua o ke komo ʻana o ka poʻe i loko o ka hale, ʻo ia hoʻi, ʻo ka poʻe i hele i ka hoʻolewa, ʻā, kōpī ʻia ka poʻe a pau i kēia wai paʻakai. Ua ʻōlelo ʻia he mea hoʻomaʻemaʻe kino, no ka mea, inā ua uhai mai ka ʻuhane o ka mea make i ka poʻe e hoʻi nei i ka hale, ʻo ka wai paʻakai, he mea e ʻoki i kēlā ʻuhane. ʻO ko mākou paʻakai o Puna, he paʻakai keʻokeʻo wale nō, ʻaʻole ka paʻakai hui ʻia me ka ʻalaea like me ko Kauaʻi paʻakai. Akā, no ka hana ʻana i ka lāʻau, hoʻohui ʻia nō ka paʻakai me ka lepo ʻalaea. No ka hana wale nō i nā lāʻau.

ʻO ke kiʻi ʻana o ka paʻakai, he manawa kūpono wale nō e loaʻa ai ka paʻakai. Inā ʻinoʻino ke kai, uhi maila ka nalu i uka loa a piha nā poho pōhaku i ka wai kai. A laila, inā hoʻi mai ka wela, a malo'o ka wai kai i loko o nā poho a lilo iho i pa'akai. A maka'ala 'ia ka 'ohi 'ia o ka pa'akai ma mua o ka wā ua. 'O nā wahi e loa'a ai ka pa'akai, aia nō ma 'Āpua a i 'ole i Kekaha. Aia nō kēia wahi ma ke kapa kai o Puna ma kahi paha o 'elima mile mai ko mākou home aku. A 'o Kekaha, ua 'oi aku ka mamao. No laila, 'o kahi wale nō e loa'a ai ka pa'akai, 'o kahi me nā pōhaku nunui, pālahlaha, me nā poho kūpono, poho nunui. Loa'a mai ka pa'akai ma'ema'e. Aia nō he wā kūpono e ki'i ai i ka pa'akai. He mau mahina ma mua o ka pau 'ana o ka pa'akai o ka home, a ua lohe au, a ua 'ike au iā 'Anakala Kaipo mā e wala'au ana a e ho'olālā ana no ka hele 'ana i Kekaha a i 'ole i Kealakomo no ka 'ohi pa'akai 'ana. A e kākilo ana lākou i ke 'ano o ke ao, ke 'ano paha o ka pā 'ana o ka makani, me ke au o ke kai. A lohe au i ka 'ōlelo 'ia, "Ā, he manawa kūpono paha kēia e hele ai e 'ohi pa'akai." A laila, 'ā, 'ike akula au, e ho'omākaukau ana lākou; 'o ia nō, e ki'i ana i nā holoholona, ka 'ēkake a i 'ole ka lio. A 'elua, 'ekolu paha po'e kāne e hele ana. A ho'omākaukau lākou i nā 'eke mau'u, nā kuka'ueke, nā mea 'ai. 'O ka poi nō ka mea nui e lawe 'ia. A i ke kakahiaka nui, 'ā, hele akula lākou i Kekaha. Noho he mau lā. Iā lākou i Kekaha, hele lākou i ka lawai'a. Hele a ho'i mai, i kekahi manawa, he mau 'eke pa'akai me ka i'a malo'o. A 'o ka pa'akai, māhelehele 'ia nō me nā 'ohana.

    Aia nō kekahi o ko mākou 'ohana i Ka'ū e noho ana, i Puakalehua. I kēia manawa ho'i kāhea 'ia kēlā wahi 'o "Wood Valley." 'Ōlelo mai 'o 'Anakala 'Oulu, i ka wā ma mua ke hele ka 'ohana o Puna i Ka'ū, a i 'ole hele maila ka 'ohana o Ka'ū i Puna, ma ka lio e hele ai ma ka 'ae kai. Inā hō'ea i Kealakomo paha a i 'ole i Kekaha, a e kau ana ka pa'akai, 'ā, 'ohi lākou i pa'akai. "Ōlelo mai 'o 'Anakala 'Oulu, inā nui ka pa'akai, 'ohi 'oe a pau kou makemake. I kekahi manawa, he mau 'eke mau'u piha. Pehea

He Moʻolelo no Kapaʻahu

ka nui o ka paʻakai, e ʻōlelo mau ʻia ana iā mākou, "Mai ʻuhaʻuha i ka mea ʻai. Inā ʻoe ʻuhaʻuha i ka mea ʻai, ma hope nō, ʻā, e nānā mai ana ka mea ʻai iā ʻoe." ʻOiai ua hāʻawi maila ka ʻāina i ka pōmaikaʻi iā mākou, no laila, aia nō iā mākou ka mālama pono i ka ʻāina. ʻO ko mākou ola nō ia. ʻO ka palena kēia o kēia moʻolelo.

E. ʻO Ka Poi

He moʻolelo kēia e pili ana i ka poi a kuʻu ʻohana ma Kapaʻahu. A ʻo ka poi nō hoʻi, he ʻai ola kēia no ka poʻe Hawaiʻi. ʻO ko mākou ʻano kalo, he kalo ʻāina maloʻo. Kanu ʻia nō i ke kuahiwi, no ka mea, ua ʻoi aku ka ua o laila, o ke kuahiwi, a maʻū. A kanu ʻia nō nā mea kanu ʻē aʻe, e like me ke kō, ka maiʻa, ka ʻakaʻakai, ʻo ia mau ʻano. Mai ke kanu ʻia ʻana o ke kalo a hiki i ka huki ʻia ʻana, ma kahi paha o ʻehiku mahina. A i kekahi ʻano kalo ma kahi o hoʻokahi makahiki. Aia nō i ke ʻano o ka huli. He nui nō nā ʻano huli. A pēia nō me ke ʻano o ka poi, ʻo ia nō, ma ke ʻano o ke kalo. ʻO kekahi poi, ʻano ʻāhinahina, a ʻo kekahi poi, ʻano hāuliuli. A ʻo ke kalo lehua hoʻi, ʻo kona poi, he ʻano hāʻula, ano ʻākala. Akā, ua like nō ka ʻono o nā ʻano poi like ʻole. Hoʻokaʻawale ʻia nō ke ʻano o ke kanu ʻia ʻana o ke kalo no ka lako mau i ka ʻai. Hele a pau kekahi māla ʻai i ka huki ʻia, ua mākaukau kekahi māla ʻai no ka huki ʻana. Me ia nō, a e piha mau ana ke pola ʻai i ka poi. ʻAʻohe wā nele.

I ka wā e hua ana ka ʻulu ma Kapaʻahu, ʻo ia nō ka poi a mākou e ʻai ai, ʻo ka poi ʻulu. I kekahi manawa nō, ʻā, ʻānoni ʻia ka poi ʻulu me ka poi kalo, a he ʻano ʻono ʻokoʻa nō kēlā. ʻO kaʻu poi makemake kēlā. ʻO kekahi ʻano poi nō, ʻo ka poi palaoa. Me kēia nei e hana ʻia ai: hoʻopaila ʻia ka wai a paila maikaʻi i ʻole momona ka poi. A ninini ʻoe i kēia wai wela i loko o ka palaoa maka a wili ʻoe me ka lāʻau wili palaoa. A wali, ʻā, kāpae ʻoe ma ka ʻaoʻao e hoʻomaʻalili ai i kēia palaoa. A maʻalili ka palaoa, ʻā, hui ʻoe i kēlā palaoa moʻa me ke kalo, poi kalo, a i ʻole ka poi ʻulu. He ʻono ʻokoʻa nō kēia ʻano poi. ʻO kekahi nō, inā he ʻohana nui, ʻā, pēia e hana ʻia ai e hoʻonui ai i ka poi. ʻO kekahi ʻano poi, ʻo ka poi kalo hui ʻia me ka palaʻai. Ua noho au me kuʻu ʻohana ma Punaluʻu, Kaʻū—ʻo ʻAnakala Punahoa mā—a ua ʻai au i kēlā ʻano poi i ko lākou wahi. Kāhea nō lākou i ka palaʻai he pū. ʻO kekahi ʻano poi a lākou, he poi ʻuala. A ʻo kēlā ʻano poi hoʻi, ʻano momona. No ka mamao loa o ke kuahiwi e hele ai lākou i ke kanu kalo, nui ko lākou kanu i ka palaʻai me ka ʻuala. A kūʻai nō lākou i ka poi mai ka hale hana poi. Aia i Pāhala. ʻAʻohe au i ʻike i nā kumu ʻulu ma laila, ʻaʻohe like me Kapaʻahu.

Akā, ma Kapaʻahu ʻaʻole nō mamao loa ke kuahiwi. Ma kahi o ʻelua paha, ʻekolu mile mai ka home aku. No laila, ma mua o ka pau ʻana o ka poi ma ka home, hele nā poʻe kāne i ke kuahiwi e hukiʻai ai. A hoʻi maila a holoi ʻia ke kalo a hoʻokomo ʻia i loko o ke kapu, pākini nui. Uhi ʻia i ke ʻeke mauʻu i paʻa ka māhu, a hoʻopiha ʻia i ka wai a pau, a kupa ʻia ke kalo. Pēia nō e kupa ʻia ai ka ʻulu; akā, ʻo ka ʻulu hoʻi, e ʻoki ʻia ka ʻulu a hapa, a laila, ʻā, hoʻokomo i loko ke pākini e kupa ai. No ka hoʻāʻo ʻana inā ua moʻa ka ʻai, kiʻi ʻoe i nīʻau niu a hou ʻoe. Inā poholo koke ka nīʻau i loko o ke kalo a i ʻole ka ʻulu, ʻā, ua moʻa ka ʻai. Inā ʻano uaua, ʻaʻole nō i moʻa pono. A moʻa ke kalo, ʻo kēlā ʻeke mauʻu nō, hāliʻi ʻoe i lalo a ninini ke kalo i luna o ke ʻeke no ka hoʻomaʻalili ʻana. Me kekahi pola wai me ka iwi ʻopihi—ʻopihi kōele—hoʻomaka ʻoe e ihi i ka ʻai. A ua waiho ʻia maila ka papa kuʻi ʻai i lalo. A pau ke kalo i ka ihi, hoʻokau ʻoe i kēlā kalo ma luna o ka papa kuʻi ʻai. Na nā wāhine wale nō ka ihi ʻai a na nā

He Moʻolelo no Kapaʻahu 45

poʻe kāne ke kuʻi ʻana i ka ʻai. Hana nui nō kēlā, ʻo ke kuʻi ʻai. ʻIke ʻoe i ka poʻe kuʻi ʻai a pakī ka hou.

I kekahi manawa nō, ma ke ʻano o ke kuʻi ʻana o ka ʻai, ʻā, puʻupuʻu inā ʻaʻole ʻoe e hana kūpono. I kekahi manawa nō, puʻupuʻu maila ka ʻai no ke ʻano o ke kalo. Inā he kalo loliloli, ʻā, puʻupuʻu ana ka ʻai. A loliloli nō ke kalo i kekahi manawa no ka lōʻihi o ka waiho ʻia ʻana, ʻaʻole i huki ʻia i ka wā kūpono. A i kekahi manawa nō, loliloli ke kalo inā hiki mai ke kauwela.

A pau ke kuʻi ʻana o ka poi, hoʻokomo ʻia akula i loko o ka pahu, ka pahu ʻai poepoe, a i ʻole ke kelemānia. ʻO ka poi hou, hānai ʻia nō i nā pēpē liʻiliʻi loa. He ʻono nō ke kalo me ka ʻulu i ka ʻai paʻa. ʻAi ʻia me ka meli, a ʻo kā mākou mea makemake kēlā. A no ka hoʻowali ʻana i ka poi, hoʻokomo ʻoe i wai a hoʻowali ʻoe e like me kou makemake. Inā e nui loa ana ka wai, ʻā, e kakale ana ka poi. Ke kūpono nō, ʻo ka heheʻe maikaʻi. ʻO kekahi poʻe, makemake i ka poi paʻakikī. ʻO nā lā mua, he koʻekoʻe ka poi. A he mau lā ma hope mai, hoʻomaka e pohā ka poi, a ʻo kēlā nō ka manawa ʻono o ka poi e ʻai ai me nā iʻa maka, ʻo ia mau ʻano. Auē, nunui nō ka miki ʻai. A lōʻihi loa mai, he mau lā mai, ʻā, ʻawaʻawa maila ka poi. A he poi makemake ʻia nō kēlā, ʻo ka poi ʻawaʻawa, e kekahi poʻe. ʻŌlelo mai kuʻu kupuna wahine iaʻu, "Mai hānai i ka poi kakale i ka malihini. Na ka poʻe pī wale nō kēlā, no ka mea, inā ʻoe e miki i ka ʻai, ʻaʻole paʻa mai ka poi i ka manamana lima. Hoholo ka poi i lalo, a ʻaʻole nui ka poi e komo i loko o kou waha." A pau ka ʻai ʻana, inā he koena koe o loko o ke pola ʻai, kahi ʻoe i ke pola ʻai me kou manamana lima a hoʻokomo ʻoe i kēlā pola ʻai i loko o ka pahu pā no ia wā aku.

ʻO kekahi nō, inā mākou e hele i ke kuahiwi i ka mahi ʻai, lawe mākou i iʻa wale nō, no ka mea, hōʻea akula mākou i ka māla ʻai, huhuki kalo mua a kupa a kuʻi ʻia ka poi, a ʻo ia nō kā mākou poi e ʻai ai. A inā mākou e hele i ke kahakai, lawe mākou i pola ʻai wale nō. A i ke kahakai e loaʻa ai nā mea ʻai me ka poi. A ʻo ka wai nō hoʻi ka wai niu, a i ʻole ka wai pūnāwai. ʻO kā mākou wai kēlā. ʻAe, ʻo ke ʻano kēia o ko mākou noho ʻana ma Kapaʻahu.

I. Ka ʻIʻo Holoholona Me Ka Meli

ʻO kaʻu moʻolelo o kēia lā, pili i nā hana a nā poʻe kāne ma Kapaʻahu, Puna i nā makahiki ʻumi kūmāiwa iwakālua kūmālima. Hele nā kāne i ke kuahiwi i ka nahele e huli ʻiʻo holoholona i mea ʻai na nā ʻohana. ʻO nā ʻano huli ʻiʻo holoholona, ʻo ia hoʻi ke kao. Ma nā pali ma Paliuli, ma Pānau lākou e hele ai e huli kao. ʻO ia manawa ʻaʻohe ka pū. Me ka ʻīlio a i ʻole me ka hoʻohai ʻana e loaʻa ai ke kao. I kekahi manawa uhai wāwae lākou i ke kao. I kekahi manawa nō hoʻi hana kīpuka. ʻO kekahi o ka hana a nā poʻe kāne, ʻo ia nō ka huli puaʻa ʻāhiu. Hele lākou ma Walaʻōhiʻa, ma Pānau. ʻO kekahi mea e huli ʻia, ʻo ka pipi ʻāhiu. Ma mua, nui ʻino ka ʻēkake i ke kula. A hana ʻia nō ka ʻiʻo i mea ʻai. Waiho ʻia ka ʻiʻo ʻēkake i loko o ka wai kai o ke kai no hoʻokahi pō. I kekahi lā aʻe, kāpī ʻia a miko, a kaka ʻia ka paʻakai, a kaulaʻi ʻia, a pūlehu ʻia. Nui ka ʻono. Like nō me nā ʻiʻo o ke kao, ka puaʻa, ka pipi. Kāpī ʻia kekahi a i ʻole kaulaʻi ʻia. ʻO ka iwi, kupa ʻia me ka wai niu. No ka hoʻomākaukau ʻana o nā poʻe kāne e hele i ka uhai holoholona, hele lākou i ke kakahiaka nui. Hoʻomākaukau lākou i nā lio, hauhoa i nā lio, a lawe lākou i ʻeke mauʻu, ka pahi ua hōʻoi ʻia, nā kukaʻuweke inā e ua ana, a me nā kaula ʻili.

He Moʻolelo no Kapaʻahu

ʻO ke kao, ʻano like nō me ka hipa ka hohono o ka ʻiʻo. No laila, ʻo ke kao wahine, ʻo ia ka ʻiʻo maikaʻi, ʻaʻole hohono. ʻO ke kao keiki nō hoʻi, hoʻihoʻi ʻia i ka hale, hānai ʻia a nui a ʻai ʻia no ia wā aku. I kekahi manawa, hoʻohui kao nui. Nui ʻino ka poʻe kāne e hele a hana i ka pā a hoʻohuli ʻia ke kao i loko o ka pā, a māhelehele ʻia nō i nā poʻe a pau. ʻO ka puaʻa, i kekahi manawa, lole ʻia i ka nahele. I kekahi manawa, hoʻokau ʻia i luna o ka lio. Hoʻihoʻi ʻia i ka hale. ʻO ka pipi, lole ʻia i ka nahele, a i ʻole alakaʻi ʻia i ka hale. No nā mea e loaʻa, e hāʻawi ʻia ana i nā ʻohana, māhelehele ʻia. Hana like nō nā mākua kāne me nā mākuahine i ke kāpī ʻana, ke kupa ʻana, ke kaulaʻi ʻana o nā ʻiʻo mea ʻai.

ʻO kekahi mea nui, ʻo ia hoʻi, ka ʻili o ka pipi. ʻO ka ʻili pipi, lole ʻia. Inā he ʻili maikaʻi, kāpī ʻia a miko. A hala he mau lā, a laila, lūlū ʻia ka paʻakai e kau ana ma luna o ka ʻili pipi a kaulaʻi ʻia ka ʻili pipi i ka lā a maloʻo pono, a hoʻomāloeʻloʻe ʻia me ke kui lāʻau ma kahi pālahalaha. I ka lā wela wale nō e kaulaʻi ai. Kaulaʻi ʻia he mau lā. Hele a maloʻo, ua ʻoʻoleʻa a māloʻeloʻe ka ʻili pipi. A ʻoki ʻia no ka hana kaula ʻili a i ʻole hana ʻia no ka noho lio. He mea nui loa ke kaula ʻili i nā poʻe kāne. ʻO kāna kaula ʻili, nāna wale nō. Ua maopopo i nā poʻe keiki, mai hoʻopā i ke kaula ʻili. He hoʻopaʻi ka hopena.

ʻO kekahi mea hana, he mea nui ka meli iā mākou. ʻAʻohe ke kō o ka hale kūʻai. No laila, ʻike au iā ʻAnakala Kaipo. Kākia ʻo ia i pahu i pahu meli. Lawe ʻo ia i kēia pahu i luna o ke kumu lāʻau. A hoʻokomo ʻo ia i ʻāpana waihona meli i loko o kēia pahu. A ma hope loa mai, ʻike ʻoe i ka mumulu o ka nalo meli ma waho o ka pahu. A ua hoʻomaka ʻia ka hana ʻana o ka meli. Hele a piha ka pahu i ka meli, ʻā, ʻoki ʻia ka waihona meli. Hoʻā ʻia ka lama. Nui ka uahi. A me kēlā e hele ai ʻo ʻAnakala Kaipo e ʻoki i ka pahu meli. Hoʻihoʻi a ka hale, ʻuī ʻia ka waihona meli a loaʻa maila ka meli. A māhele ʻia na ka ʻohana.

O. ʻO Ka Hana Lawaiʻa

Aloha. ʻO kaʻu moʻolelo o kēia lā, ua pili i ka hana lawaiʻa—kaʻu mea i ʻike ai, i hana ai i koʻu wā liʻiliʻi. ʻO ko mākou ʻāina ʻo Kapaʻahu, ma Puna, ua lako i nā mea ʻai o ke kai. ʻAʻohe wā nele. ʻO ke kā mākoi iʻa, hana ʻia e nā poʻe keiki, nā mākua. ʻO ka ʻohe, ʻo ia ka mākoi. ʻO ka heʻe pali, ʻo ia ka maunu maʻamau. ʻO ka lawaiʻa ulua, ʻōlelo ko mākou poʻe, he hana "pīpī ulua" kēlā. No ke aha lā e ʻōlelo ʻia ai "pīpī ulua;" ʻaʻole au maopopo. No ia ʻano lawaiʻa, he lālā ʻōhiʻa ka mākoi, no ka nui nō paha o kēlā ʻano iʻa—he kaumaha. ʻO ka lālā ʻōhiʻa nui, ʻano like me ka pou. ʻO ka puhi, ʻo ia ka maunu. Kuʻikuʻi ʻia ka puhi me ka pōhaku a ʻano palahē, a hana ʻia akula i maunu. ʻO kahi maʻamau i Kapaʻahu no ka pīpī ulua ʻana, aia i ʻAikua. Kokoke kēlā wahi i Kamoamoa.

ʻO kekahi ʻano hana lawaiʻa, ʻo ke kiloi ʻupena. Maopopo ʻia nō nā wahi o nā poho moi, ʻo ia hoʻi, kahi e noho ana ka iʻa moi. Inā kau ka moi, ʻo ka wā kēlā e kiʻi ai i ia ʻano iʻa. ʻO kekahi ʻano iʻa ʻē aʻe i kiʻi ʻia me ka ʻupena kiloi, ʻo ia nō ka ʻenenue. Aia ma ka laupapa, kahi ulu o ka limu, ma ia wahi e loaʻa ai. He iʻa ʻono kēlā i ka ʻai maka. ʻO ka iʻa manini, me ka ʻupena kiloi nō e loaʻa ai kēlā ʻano iʻa. A no ka ula, ua maopopo ʻia nō nā lua ula e nā poʻe lawaiʻa. Inā makemake ʻia ka ula, aia nō i ka wā kūpono, hele ʻia e luʻu a me ka ʻupena kuʻu e hopu ʻia ai ka ula.

ʻO kekahi ʻano lawaiʻa ʻana, ʻo ka lamalama. ʻO ka wā maikaʻi o ke ke kai, ka wā kai make, aia i ka pō pouli, mahina ʻole, ʻo ia ka manawa e hele ai mākou i ka lamalama. Pāpā ʻia

He Moʻolelo no Kapaʻahu

mākou e nā mākua, ʻaʻole e ʻōlelo, "E hele ana i ka lamalama," no ka mea, he pepeiao nō ko ka iʻa, a e lohe mai ana ka iʻa. No laila, inā e hele ana i ka lamalama, ʻā, e ʻōlelo ana ʻoe me kēia nei: "E hele ana mākou i ka holoholo." A ʻo ka hele ʻana hoʻi ia i kēlā mea ʻo ka lamalama. Hoʻomākaukau ʻia nā lama, a maopopo aʻela nā poʻe a pau, auē, e hele ana lākou i ka lamalama. Hana ʻia ka lamalama me ka ʻohe nunui, he paukūkū lōʻihi. ʻO ka paukū ia e ninini ʻia ai ka ʻaila māhu i loko. ʻO ka paukū ʻohe, ʻōwili ʻia nō ke ʻeke mauʻu, a hoʻokomo ʻāpana ʻia i loko o ka ʻohe—no ka maʻū wale nō o ke ʻeke i ka ʻaila māhu. a laila, kali a pōʻeleʻele, a liʻuliʻu, ua moe ka iʻa i loko o nā poho wai, me ka ʻaʻama. A laila, hoʻomaka ka lamalama. Akahele nō ka hele ʻana. Nui nō nā mea e loaʻa ai i ka lamalama, ʻo ka ʻopihi, ka iʻa paoʻo, ka ʻaʻama paiʻea. ʻO kēlā ʻano ʻaʻama paiʻea, ʻaʻohe lohe mau ʻia, akā, ʻo kēlā ʻano mea ʻo ka paiʻea, ʻoʻoleʻa kona ʻano iwi. A maopopo iā kākou, ʻo ia nō ka inoa i kāhea ʻia ʻo Kamehameha ʻEkahi, ʻeā, ʻo Paiʻea. No laila, ʻo ka iʻa, e moe ana i loko o nā poho wai, poho wai liʻiliʻi; a ʻike nō ʻoe i ka iʻa ʻaʻole ʻoniʻoni, ʻā, he iʻa e moe ana. A hele akula a hopu ʻia akula ka iʻa me ka lima. A hana nō mākou a lawa pono no kekahi mau ʻai ʻana. A pau, a hoʻi.

Aia nō i Kapaʻahu he paena waʻa. ʻO Kī ka inoa o kēlā wahi. I koʻu wā liʻiliʻi, ma laila mākou e hele ai i ka hāpai waʻa. I kēlā manawa e noho ana ʻo Kekahuna mā. He hale ko lākou i kokoke i ka paena waʻa. I ia manawa, holo nō ka waʻa i ka pō no ka lawaiʻa kāweleʻā. Lohe au, aia ma Laeʻapuki, ma ia mau wahi, he kai kūʻono. Ma laila ka waʻa e hoʻolana ai a hiki i ka manawa maikaʻi kūpono e hoʻi ai. A i ke ao hoʻi, ʻo ka hana lawaiʻa, ʻo ka hana holo ʻōpelu. O kēlā paena waʻa ma Kī, aia ma ka pali. ʻAno kiʻekiʻe kēlā pali. A ua hana ʻia kohu ʻano alapiʻi pālahalaha me ka pou ʻōhiʻa. ʻO kēia alapiʻi pālahalaha, ʻano ʻoiʻoi aku ma waho o ka pali. A ʻo ka maunu o ka holo ʻōpelu, he ʻōpae ʻula. Ma mua ma Kapaʻahu, nui ʻino kēlā ʻano ʻōpae, ʻōpae ʻula, ma nā kahawai. Akā, ua lawe ʻia mai ka iʻa kula, hoʻokuʻu ʻia i loko o nā kahawai. ʻAi ʻia ka ʻōpae e kēia iʻa kula, a nalowale loa ka ʻōpae ʻula. I ka manawa e hele ai i ka lawaiʻa ʻōpelu, hoʻomākaukau lākou, ʻo nā poʻe holo ʻōpelu, a kali lākou no ka manawa kūpono. Aia a he ʻōhū, aia kēia waʻa ma luna o kēia alapiʻi kahi e kali ai. Piʻi maila kēia ʻōhū a hiki i kēia waʻa. Pahu ʻia akula kēia waʻa ma luna o kēia ʻōhū. Holo akula kēia waʻa i waho. No ka manawa o ka waʻa e pae mai ai, ʻike akula nō mākou i ka hoʻi mai o ka waʻa. A hoʻomaka mākou, ka poʻe hāpai waʻa, e ʻākoakoa no ka hāpai waʻa i ka hoʻi ʻana mai o ka waʻa. Hoʻi maila kēia waʻa a ma waho aku, a hoʻolana. ʻO kēia e hoʻolana nei, ke kali nei lākou i ka ʻōhū kūpono. A lohe akula ʻoe i ka leo kāhea, "Hoe, hoe!" Hoʻomaka ka poʻe e hoe i ka waʻa. ʻIke ʻoe i kēia waʻa i luna o kēia ʻōhū. Na kēia ʻōhū e lawe mai i kēia waʻa a kau ma luna o kēia alapiʻi pālahalaha. A hāpai ʻia akula kēia waʻa i luna i kahi maloʻo, he kōkua nā poʻe a pau ma laila i ka hāpai waʻa, me nā keiki pū. A laila, e helu ʻia ana ka ʻōpelu i loko nō o ka waʻa. Helu ʻia ma ke kaʻau. Hoʻokahi kaʻau, he kanahā ʻōpelu kēlā. Pēia e ʻōlelo ʻia ai, "Pehea ka nui o ke kaʻau ʻōpelu?" Pau ka helu ʻia ʻana o ka ʻōpelu, a laila, hāʻawi ʻia maila ka ʻōpelu i nā poʻe a pau i kōkua i ka hāpai waʻa, ʻo nā mākua me nā keiki pū.

No ka ʻōpelu ʻai maka, makemake au i ka hana hoʻānunu. ʻAʻole ʻoe e hana me ka pahi, me kou manamana lima nui. Hoʻokomo ʻoe i kou manamana lima nui i loko o ka pihapiha o ka iʻa. ʻUʻu ʻoe mai ke poʻo a ka hiʻu ma luna o ka iwi i waena. A hoʻohuli i ka ʻōpelu, hana hou, like pū ma kekahi ʻaoʻao. A wehe ʻoe i ka naʻau me ka iwi i waena. Kāpī i ka iʻa i ka paʻakai, a pelu ʻia kēia ʻōpelu, ke poʻo a ka hiʻu. Waiho ʻia a ʻūʻū, a ua hiki ke

He Moʻolelo no Kapaʻahu

ʻai. ʻO kekahi nō hoʻi, kaulaʻi ʻia ka ʻōpelu. Hiki ke waiho ʻia a lōʻihi. ʻO kekahi ʻano o mākou e lawaiʻa ai, me ka ʻauhuhu. He mea kanu kēlā. Aia i Kaʻuluhau, ma kahi kokoke ma kēlā wahi e kāhea ai mākou ʻo Piʻikea. A ma kēlā wahi he loko. Inā ua ʻike ʻia, he nui ka iʻa o kēlā loko, a hele akula mākou, nā mākua, nā keiki, hele akula i Kaʻuluhau. Hoʻouna aʻela nā mākua iā mākou nā poʻe keiki e hele e huki ʻauhuhu; no ka mea, e ulu wale ana nō kēlā mea ma kēlā wahi. A kuʻikuʻi nā mākua i ka ʻauhuhu me ka pōhaku. A kiloi ʻia i loko o ka loko wai. Kali mākou ma kahi paha o ka hapalua hola a ʻoi. ʻIke ʻoe i ka piʻi mai o ka iʻa a lana. Hoʻopāhola ʻia ka iʻa. A ʻau akula mākou i loko o ka wai e hopu ai, e ʻohi ai i ka iʻa. ʻOhi wale nō mākou i ka iʻa a mākou e makemake ai e ʻai. A ma hope mai, pohala hou nō nā iʻa; ʻaʻole make ka iʻa.

A ʻo kekahi ʻano lawaiʻa a mākou, he pili i ke kaʻi* [kāʻeʻe] ʻōhua. I koʻu wā ʻōpiopio, i ka wā kauwela e hele mau ana au i Punaluʻu, Kaʻū e noho ai me ʻAnakala Punahoa, kekahi kaikunāne o koʻu makuahine, me ʻAnakē Emma Heʻeia, kuʻu inoa. A ua hele mau au e kāʻeʻe ʻōhua me ʻAnake Heʻeia. ʻO kēlā ʻano lawaiʻa, ʻo ke kāʻeʻeʻōhua, e hele ana ʻoe i ka wanaʻao, ma mua o ka mālamalama, ma mua o ka hoʻomaka ʻana o ka ʻōhua e ʻai. ʻO ia hoʻi ka wā e loaʻa ai ka ʻōhua liko. ʻO ia ka ʻōhua makemake loa ʻia. Hele a māʻamaʻama, hoʻomaka ka ʻōhua e ʻai. ʻAi i ka limu paha, ʻo ia mau ʻano. A inā ʻai ka ʻōhua, hoʻomaka e loli, hāuliuli maila ka ʻōhua. He maikaʻi nō kēlā ʻano ʻōhua. A ua ʻōlelo mua maila ʻo ʻAnakē Heʻeia iaʻu i ke ahiahi "I ka lā apōpō, e hele ana

---

*Ma ke koena o kēia paukū ua hoʻololi ʻia ʻo "kaʻi," ʻo ia ʻo "kāʻeʻe." Kohu mea la, ua poina ʻo Mrs. Kauhi i ka puana ʻana o kēia huaʻōlelo "kāʻeʻe" ma kēia māhele.

kāua i ka holoholo." A hoʻomākaukau ʻo ia i kā māua ukana e lawe ai. A wanaʻao, hoʻāla ʻo ia iaʻu, hele māua. Hāpai ʻo ia i ka ʻupena ʻōhua—he ʻupena ʻano liʻiliʻi kēlā—me ke ʻeke no ka iʻa a me ka lau niu maloʻo. ʻO wau, kaualakō au i ka lau niu maloʻo, ua ʻoki pōkole ʻia. Hele māua a i kekahi loko pāpaʻu. Ma ia wahi, ʻike ʻoe ua hana ʻia he puʻu pōhaku ma ʻō ma ʻaneʻi i loko o ka wai. Kāhea ʻia kēlā he imu. I loko o kēlā imu e holo ai ka ʻōhua e peʻe. Hele akula māua ma ka imu. ʻO ʻAnakē ma kekahi ʻaoʻao me kāna ʻupena me kāna lau niu. ʻO wau ma kekahi ʻaoʻao o kēia imu. Hoʻomaka au e houhou i kēia lau niu i loko o ka hakahaka pōhaku. Ke hoʻohū nei au i ka ʻōhua i loko o ka ʻupena. Eia ʻo ʻAnakē e kīʻoʻe ana i ka ʻupena, a holo akula ka ʻōhua i loko o ka ʻupena. Hoʻokomo ʻia ka ʻōhua i loko o ke ʻeke iʻa. A laila, hele akula māua i kekahi imu ʻē aʻe a hana hou. Kōpī ʻia ka ʻōhua i ka paʻakai; a ʻūʻū, a ua hiki ke ʻai maka ʻia. ʻO kekahi, kaulaʻi ʻia a maemae. He ʻono ʻokoʻa nō ia. ʻO kekahi, kaulaʻi ʻia a maloʻo pono. Hiki ke waiho ʻia no ka manawa lōʻihi no ka ʻai ʻana. ʻO ka poʻe o Kalapana, hana nō lākou i kēlā hana kāʻeʻe ʻōhua.

Inā ʻike ʻia ke kualau, lohe au i ka ʻōlelo ʻia, "He kualau ʻōhua a e pae mai ana ka ʻōhua." ʻO kekahi, ua lohe au i ka walaʻau ʻia, "Inā hua ka hala, ʻiʻo ka wana me ka hāʻukeʻuke." "'Inā liʻiliʻi ka ʻulu, liʻiliʻi nō ka heʻe pali. Nunui ka ʻulu, nunui ka heʻe pali." "Inā pua ke kō, nui ka iʻa āholehole." "Inā nui ʻino ka hōkū i ka pō, ʻeʻe ke kūpeʻe a me ka pipipi." ʻO ka palena kēia o kaʻu moʻolelo.

U. Ka Hana ʻAna I ka Mea ʻAi

Ke Kālua ʻAna O Ka Puaʻa. ʻO ke ʻano o ka noho ʻana me koʻu makuahine a me koʻu makua kāne, hānai puaʻa mākou. Inā

He Moʻolelo no Kapaʻahu

hoʻokipa ʻia mai kekahi poʻe i ko mākou hale, a i ʻole inā he lā nui, ʻōlelo aʻela ʻo Māmā, "E kālua puaʻa kākou." Ma hope o ko mākou hale i Paea he holowaʻa nui no ka hānai puaʻa. Hoʻokuʻu ʻia ka puaʻa i ke kula; ʻano hapa laka nō ka puaʻa. No laila, hele akula ʻo Māmā ma hope o ka hale a kāhea akula i ka puaʻa, "Moi, moi, moi." Kīkekē ʻo ia ka i ka pākeke. ʻIke ʻoe i ka puaʻa e holo mai ana. Ninini akula ʻo ia i ka ʻai puaʻa i loko o ka holowaʻa. I ka manawa e ʻai ana ka puaʻa, hele aʻela ʻo Māmā ma hope o ka puaʻa; koho ʻia kāna puaʻa i makemake ai; hopu ʻo ia i nā wāwae hope, a ʻo ia ana ka puaʻa e kālua ʻia ana. Na ka poʻe kāne e pepehi i ka puaʻa. Ua hoʻomaka ʻia ke kapu wai wela, a ua paila ka wai. Hoʻokau ʻia ka puaʻa ma luna o ka piula, ma luna o ke pākaukau. Hemo ʻia ka naʻau. Ninini ʻia ka wai paila ma luna o ka puaʻa no ka hoʻohemo ʻana i ka hulu puaʻa. A laila, waʻu ʻia ka hulu puaʻa me ka ʻāpana aniani o ka ʻōmole, a i ʻole iwi ʻopihi nui, a i ʻole pahi ʻoi. I kekahi manawa, unūnu ʻia ka puaʻa ma luna o ka pōhaku ʻenaʻena i pau ka hulu i ka ʻā ʻia.

Ua hoʻomākaukau ʻia ka imu, ua hoʻokomo ʻia ka wahie ʻōhiʻa—akā, ua makemake ʻo Māmā i ka wahie kuawa, no ka mea, ʻōlelo mai, he ʻono ka ʻiʻo kālua a he ʻaʻala maikaʻi. Ma luna o ka wahie, hoʻokau ʻia ka pōhaku—pōhaku pālahalaha mai ka muliwai mai. A laila, hoʻokau hou i wahie ma luna o ka pōhaku. A hoʻā ʻia ka imu. Aia a ʻenaʻena kūpono ka imu, ʻo ia ka manawa no ka unūnu ʻana i ka hulu puaʻa. Paʻa maila kekahi kanaka i nā wāwae hope, a ʻo kekahi kanaka i nā wāwae mua. A laila, kūolōlo ʻia ka puaʻa i mua, i hope, ʻo kēlā ʻaoʻao kēia ʻaoʻao, i luna o pōhaku o ka imu, a hiki i ka pau ʻana o ka hulu puaʻa. A maʻemaʻe ka puaʻa, inā he puaʻa nui, hoʻokomo ʻia mau pōhaku ʻenaʻena i loko o ka ʻōpū.

54   **Emma Kauhi**

*Kiʻi 11. Ka Hoʻomākaukau ʻAna i ka Puaʻa no ke Kālua
ʻAna ma Kalapana*

    Nākiʻi ʻia nā wāwae i ka lāʻī, a laila, hoʻokau ʻia ka puaʻa i loko o ka uea moa, a ua mākaukau no ka hoʻokomo ʻana i loko o ka imu. Wehe ʻia nā paukū wahie i ʻā ʻole, i ʻole e hohono uahi ka puaʻa. A laila, e uhi ʻia nā lālā lāʻī ma luna o ka pōhaku ʻenaʻena a me ka ʻōkumu maiʻa ʻokiʻoki paukū ʻia. Kāhea ʻia kēia he poʻi. Inā lahilahi ke poʻi, e pāpaʻa ana ka puaʻa. Inā mānoʻanoʻa ke poʻi, ʻaʻole e moʻa maikaʻi ka puaʻa. Hoʻokau ʻia ka puaʻa ma luna o nā poʻi. Uhi hou ʻia ka lāʻī ma luna o ka puaʻa. A laila, uhi ʻia ke ʻeke mauʻu a i ʻole ke kāpōlena ma luna iho. Uhi me ka lepo a hiki i ka ʻike ʻole ʻia o ka hemo o ka māhu.
    Pehea ana lā ka lōʻihi e kālua ai i kēia puaʻa? ʻŌ nā kūpuna, nā lākou e haʻi mai ka manawa e huaʻi ai kēia imu. No ka huaʻi ʻana o ka imu, me ke kopalā e kope mua ʻia ai ka lepo, a laila, wehe ʻia maila ke ʻeke mauʻu, a laila ka lāʻī. ʻŌlepe me ka mālie i

He Moʻolelo no Kapaʻahu

ʻole heleleʻi ka lepo i loko o ka mea ʻai. Hāpai i ka uea moa me ka puaʻa. Hoʻokau i ka puaʻa wale nō i luna o ka papa puaʻa. ʻOki ʻia ke poʻo a me ka wāwae o ka puaʻa. A ua mākaukau no ka hoʻomākaukau ʻana no ka ʻai ʻana.

Ka Hana Kūlolo.

ʻO kēia moʻolelo, e pili ana i ka hana kūlolo a ko mākou ʻohana. He mea makemake loa ʻia kēia, ʻo ke kūlolo, mai kuʻu wā liʻiliʻi a hiki i kēia manawa. Aia nō ke hana ʻia nei ka kūlolo e like me ka wā ma mua. Kālua ʻia i loko o ka imu. Aia nō a he lā nui e hiki mai ana a i ʻole he pāʻina nui ana, a laila, ʻā, hana ʻia ke kūlolo. He nui nō ka hana inā e hana ʻia ana ke kūlolo. ʻO ko mākou ʻohana Konanui, ke hana ʻo ʻAnakala Punahoa, ʻo ia no ke alakaʻi no ka hana kūlolo; maikaʻi ke kūlolo. Inā ua hoʻolālā ʻia e hana kūlolo ana mākou, hana like nā poʻe keiki me nā mākua. No ka mea, nui nō ka hana, mai ka hoʻomaka ʻana a hiki i ka wā e ʻai ai i ke kūlolo. He mau lā e hana ʻia ai. Hoʻomākaukau ʻia nā kini huinahā a kāpae ʻia. A hele ʻia e ʻohi niu maloʻo me ka wahie no ka imu. A wehe ʻia nā pulu o ka niu. Kāpae i kēlā. A hele nā mākua i ka māla ʻai i ke kuahiwi e huki kalo. A lilo nō hoʻokahi lā nō paha i kēia hana. A pau kēlā, hoʻomaʻemaʻe ʻia ka imu no ka hoʻomākaukau ʻana. A i ka lā e hana ai i ke kūlolo, hoʻomaka ʻia i ke kakahiaka: waʻu ʻia ka niu, a ʻuī ʻia ka wai niu a kāpae ʻia. A ʻo ke kalo maka, kolikoli ʻia, kolikoli ʻia ka ʻili a pau. A laila, waʻu ʻia. Waʻu ʻia me ka papa waʻu kalo. A inā maneʻo ka lima i ka waʻu kalo, holoi ʻia ka lima me ka oka o ka niu, ka niu i ʻuī ʻia ihola. A pau ke kalo i ka waʻu ʻia, hoʻohui ʻia ke kalo ua waʻu ʻia me ka wai niu a me ka meli. A inā he kōpaʻa, hiki nō ke hoʻohui pū ʻia. Na ka poʻe kāne kēia mau hana. ʻO ka poʻe wāhine, ke hoʻomākaukau nei lākou i nā kini. ʻO ka lā ʻī, holoi pākahi ʻia a wehe ʻia ka iwi o hope a hana 'ia i pale i loko o ke kini. 'O kēia pale, hana 'ia me ka waiho 'ana i kekahi welelau e ho'olewalewa 'ia ana ma waho. 'O kēia ho'i, no ka nāki'i 'ana. A laila, ninini 'ia mai nā mea i ho'ohui 'ia ai i loko o nā kini. Ninini 'ia a piha ke kini, a 'ope mai 'oe i keia welelau lā'ī i ho'olewalewa 'ia ai ma waho. Nāki'i 'oe i kēia welelau lā'ī ma luna pono o kēia kini kūlolo, i 'ole e komo ka 'ōpala. He po'i kēlā.

Ho'omākaukau 'ia ka imu e like me ka hana 'ana no ke kālua 'ana i ka pua'a. Aia a 'ena'ena ka imu, uhi 'ia ke po'i. He mea nui kēia. Aia nō na ka po'e ma'a i ka hana kūlolo, a i 'ole nā kūpuna, e ha'i mai i ka nui o ke po'i e hana 'ia ai, a me ka manawa e wehe 'ia mai ke kūlolo mai ka imu mai. E kālua 'ia ana ke kūlolo mai kēlā lā a hiki i kekahi lā a'e. A laila, hua'i 'ia maila ka imu. Wehe 'ia maila nā kini kūlolo; kāpae no ka ho'oma'alili 'ana a hiki i kekahi lā a'e. Wehe 'ia ka lā'ī i hana 'ia ai i pale i loko o nā kini. Ua pipili i ke kūlolo, a hukihuki 'oe i kēlā lā'ī a pau. A laila, 'oki'oki 'ia ke kūlolo a ua mākaukau no ka 'ai 'ana. 'Ae, he mea 'ono nō ke kūlolo.

Ka Hana 'Ana O Ka 'Inamona. No ka 'ohi 'ana i ka hua kukui no ka hana 'ana i ka 'inamona, hele mākou i ke kumu kukui i maopopo 'ia nō no ka maika'i o ka 'inamona. Aia he kumu kukui ma hope o ka hale o Kūkū Mā, he 'a'ala ka 'inamona. Hele mākou e 'ohi i ka hua kukui ua helele'i i lalo. Ho'iho'i i ka hale; wehe 'ia ka 'ili; kaula'i 'ia i ka lā he mau lā. A laila, ho'okomo 'ia ka hua kukui i loko o ke kapu wai. 'O ka hua kukui e lana ana, 'a'ole maika'i kēlā. Kiloi i kēlā. 'O ka hua maika'i, kaula'i 'ia i ka lā he mau lā a malo'o pono, a ua hiki ke pūlehu. 'A'ohe a mākou 'oma; no laila, me kēia nei e pūlehu 'ia ai ke kukui. Hō'ā 'ia ke kapuahi wahie no ke kuke 'ana. A pau ke kuke 'ana wehe 'ia nā

He Moʻolelo no Kapaʻahu

paukū wahie, koe ka nānahu ua ʻenaʻena me ka lehu ua wela. ʻAʻole nō e nui loa ka nānahu ʻenaʻena. Kopekope ʻoe i ka lehu. Waiho ʻoe i ke kukui i loko o laila. ʻAʻole nui loa. Poʻi i ke kukui me ka lehu a waiho no ka manawa liʻiliʻi. Kiʻi ʻoe hoʻokahi kukui; hoʻonahā; e nānā ana ʻoe, ua moʻa paha. E hoʻohulihuli ana ʻoe i ke kukui i loko o ka lehu i ʻole e pāpaʻa. Pono e makaʻala. Hele a moʻa pono ke kukui, wehe mai i waho, hoʻomaʻalili. Hoʻonahā i ke kukui. Kiʻōʻe i ka iʻo. E okaoka ana. Maikaʻi kēlā. Kuʻi ʻia ke kukui i luna o ka papa kuʻi kukui me ka pōhaku no ke kuʻi kukui wale nō. Kuʻi ʻoe a like me kou makemake. Hoʻohui me ka paʻakai. Inā ʻoe e kuʻi ana a ʻaeʻae, e iho ana ka ʻinamona i lalo a e lana ana ka ʻaila i luna. Akā, maikaʻi nō kēlā. Makemake mākou ʻaʻole ʻo ka ʻaeʻae loa. ʻAno oka liʻiliʻi. Inā ʻoe e hui me ka iʻa maka, ka ʻopihi paha, ke ake paha, hiki iā ʻoe ke naunau i ke oka o ka kukui. Hui pū mai me ka limu a me ka nīoi; a me ke pola poi ma ka ʻaoʻao, auē, nui ka ʻono.

Moʻolelo 5. ʻO Nā Mea Pāʻani A Me Nā Mea Hana A Nā Keiki

ʻO kaʻu moʻolelo o kēia manawa, ʻo ia hoʻi, he pili i nā mea pāʻani me nā mea hana a nā keiki i kuʻu wā liʻiliʻi, ma Kapaʻahu, Puna, i nā makahiki ʻumi kūmāiwa iwakālua kūmāono. ʻO ia manawa, ʻaʻohe nā mea pāʻani mai ka hale kūʻai mai. Akā, he nui nō nā mea pāʻani me nā mea leʻaleʻa a nā keiki o ia wā. ʻO ia hoʻi, ʻo ka hoʻolele lupe. He ʻohe nō e ulu ana a ʻoki ʻia ka ʻohe, ʻokiʻoki paukūkū ʻia. Me ka nūpepa. A ʻo ka poi, ʻo ia nō ka mea e hoʻopipili ʻia ai. ʻO ke kaula aho, ʻo ia ke kaula e hoʻolele ai i ka lupe. Huhū ʻia mākou e nā mākua no ka hana ʻia o ka poi i mea hoʻopipili. ʻŌlelo ʻia maila iā mākou, "Mai hana ʻino i ka mea ʻai." No laila, hana malū mākou. Ke nīnau ʻia mai, "Na wai i hana i kēlā lupe?" ʻōlelo akula mākou, "ʻAʻole maopopo."

ʻO kekahi pāʻani a mākou, ʻo ia nō ka pāʻani māpala. ʻO ka hua kakalaioa, ʻo ia kā mākou māpala. Kākaʻikahi nā mākua e kūʻai ai i ka māpala na kā lākou poʻe keiki. ʻO ia nō ke kumu hele o mākou e huli i kā mākou māpala, ʻo ia hoʻi ke kakalaioa, i loko o ka nāhelehele i luna o ke ʻaʻā i loaʻa ka mea pāʻani. Nui nō ka hoʻokūkū o nā poʻe kamaliʻi i ka pāʻani māpala. ʻO kekahi mea pāʻani ʻē aʻe, ʻo ka hei pū kaula me ka hana keaka. Inā he hana keaka i loaʻa iā ʻoe, ʻaʻole ʻoe e hōʻike ana i kekahi poʻe i ka hana ʻana. Na lākou nō e huli i ke ʻano o ka hana ʻana. ʻO kekahi mea pāʻani, ʻo ka wāwaeʻiole. He mea ulu kēlā a mākou e hele ai e huli i ka nāhelehele. Hana nui nō e loaʻa ai, no ka mea, ʻaʻole nō ia he mea ulu wale. Aia ma kekahi wahi wale nō e ulu ai. ʻO ke ʻano o ka pāʻani ʻana o ia wāwaeʻiole, uhaʻi ʻoe i ka lālā e pili ana i ke kumu, e like me ka lou, ʻo ʻoe me kou hoa pāʻani, a kīlou akula ʻoe me kāna. ʻO ka mea poloke ʻole o ka lou, ʻo ia ka

He Moʻolelo no Kapaʻahu

lanakila. ʻO kekahi nō, ʻo ka uma. He mea hoʻokūkū maʻamau na nā kamaliʻi kāne a me nā poʻe nunui. ʻO ka pāʻani koho poho lima, he pāʻani maʻamau nō na nā kamaliʻi wāhine. ʻO ka pāʻani pio, pāʻani peʻe, heihei wāwae. ʻO kekahi ke kukuluaeʻo. ʻO kekahi hua ʻōlelo, ʻo ia hoʻi, ʻo hakakē. Me ka lāʻau. E kū ʻoe i luna o kēia lāʻau a hoʻomaka ka hoʻokūkū ma ka heihei ʻana, a i ʻole, kulaʻi aku kulaʻi mai, ʻo ia mau ʻano. ʻO kā mākou mea makemake loa, ʻo ia ka ʻauʻau. Ma Waiaka, a i ʻole ma Punaluʻu, a i ʻole ma Waiʻāʻea, a i ʻole i ke kahakai nō mākou e hele ai i ka ʻauʻau. Kokoke i nā lā a pau e ʻauʻau ana mākou. ʻOiai ʻaʻohe hale ʻauʻau o nā hale, no laila, me kēia nō e hoʻomaʻemaʻe ai ka poʻe i ko lākou kino. Aia wale nō i ka home o kuʻu makuahine me koʻu makua kāne, ua loaʻa ka hale ʻauʻau. Na kuʻu makua kāne nō i kūkulu. Akā, iaʻu e noho ana me koʻu kahu hānai ʻo Kūkū Kahaʻikauila, ʻaʻole hale ʻauʻau ma kona hale. I koʻu wā kamaliʻi, ua ʻoi aku koʻu makemake i ka ʻauʻau ma nā kahawai ma mua o ka ʻauʻau i ka hale i ka home, i loko o ka pākini. ʻO ka manawa ʻauʻau, he wā pāʻani nō ia. ʻO ka lele kawa, ke aho loa, heihei ʻauʻau, pāʻani pio, nui ko mākou hauʻoli. Inā he hoʻopaʻi ʻia mākou, ʻōlelo ʻia maila, "ʻĀ, ʻaʻole hiki iā ʻoe ke hele e ʻauʻau." Auē, he hoʻopaʻi nui kēia iā mākou. Ua ʻumi kūmāono oʻu makahiki, a kūʻai koʻu makua kāne i koʻu lole ʻauʻau mua loa. Ma mua o ia manawa, ʻo ka lole nō e pili ana i ka ʻili, ʻo ia nō ka lole e ʻauʻau ai. ʻO kekahi mau kamaliʻi—ua nui lākou—ʻauʻau ʻilikini, lole ʻole. ʻAʻole mākou hoʻohenehene iā lākou. ʻO ka pāʻani me ka leʻaleʻa, ʻo ia ka mea nui iā mākou. Mai koʻu wā liʻiliʻi a hiki i koʻu nui ʻana, ʻaʻole wau i hoʻomaopopo hoʻokahi kaikamahine i hāpai.

Emma Kauhi

Ki'i 12. 'O Emma Kauhi ma Kona Wā U'i.
Aia 'o ia i Punalu'u, ua komo i ka lole 'au'au a ua pa'a ka
'ukulele a kona makua kāne i hā'awi ai iā ia no ka piha
'ana o kona makahiki 'umi kūmāono.

He Moʻolelo no Kapaʻahu 61

ʻO kā mākou hana o ke ahiahi ma hope o ka papa ʻaina, papa ʻaina ahiahi, i kekahi manawa he hoʻokani pila, hīmeni. I kekahi manawa, hoʻolohe moʻolelo. ʻO kekahi mea makemake a mākou, ʻo ia hoʻi, ʻo ka hele i ke kahakai. ʻO ia nō, ʻoiai e hele pū mākou me nā poʻe nunui, e ʻōlelo mau ʻia ana iā mākou, "Akahele ka hele ʻana. Mai huli ke kua i ke kai." Hele nō nā kaikamāhine me nā mākuahine i ke kuʻi ʻopihi. E ʻōlelo mau ʻia ana iaʻu, "Waiho i ka ʻopihi liʻiliʻi no ia wā aku." Pēia me ka huki ʻana o ka limu. Nui nō nā ʻano limu. Aia naʻe, e kiʻi ana ʻoe i ka mea i ʻōlelo ʻia mai e kiʻi, a ʻo ia wale nō. Hana nō a lawa no ka ʻai ʻana. E lako mau ana ke kahakai. ʻAʻohe wā nele. ʻO nā keiki kāne, hele nō lākou me nā mākua kāne. Hele i ke kā mākoi a i ʻole kiloi ʻupena. A i ʻole, hele lākou i ke kuahiwi i ka mahi ʻai kalo. ʻO nā kaikamāhine, kōkua i nā hana lau hala, ka ʻohi ʻana. Hoʻi a ka hale, ʻoki i ke kumu me ka welelau, wehe i ke kōkala, pōʻala, a hana i kūkaʻa. ʻO kekahi mea hana nō na nā kaikamāhine, kōkua i ka holoi lole. Holoi ʻia ka lole ma ke kahawai, i Waiaka a i ʻole Punaluʻu. Holoi ʻia ka lole ma luna o ka pōhaku me ka hohoa. A pau, ʻā, kaulaʻi ʻia ka lole i luna o ka ulu kuawa. ʻO ia manawa, haʻahaʻa ke kumu kuawa.

ʻO kā mākou kanakē, ʻo ka hana ʻana, ʻokiʻoki ʻia ka ʻohe maloʻo ma ka paukūkū. A kupa ʻia ka meli a paila. A ninini ʻia kēlā meli wela i loko o ka ʻohe, a hoʻomaʻalili ʻia. A laila, wāwahi ʻia ka ʻohe, a ua paʻakikī ka meli. A ʻoki paukūkū liʻiliʻi, a ua hiki ke ʻai. ʻO kā mākou mea naunau, ke kāmu, ʻo ia hoʻi, ʻo ke kumu ʻulu—ma kekahi lālā, ʻoki liʻiliʻi ʻoe a hū maila ka wai keʻokeʻo. He kēpau kēlā. A waiho ʻia me kēlā he mau lā, a hiki i ka maloʻo ʻana. A laila, hiki ke ʻai ʻia kēlā kēpau, a he kāmu kēlā iā mākou. Hoʻomaopopo mai, ua mamao loa ka hale kūʻai i kēlā mau lā. Hoʻoiho nō, ʻaʻohe ke kālā.

Emma Kauhi

I ko mākou manawa e hele ana i ke kula i Kalapana, ua aʻo ʻia iā mākou, a ua hīmeni nō mākou i nā hīmeni—ʻo "Hawaiʻi Ponoʻī" a me kekahi mau hīmeni ʻē aʻe, ʻo "Kaʻahumanu, "Lei ʻAwapuhi," a ʻoi aku. ʻAʻole mākou i hula i loko o nā kula i kēlā manawa. A ʻo ka palena kēia o kuʻu moʻolelo.

He Moʻolelo no Kapaʻahu

Moʻolelo 6. Nā Pāʻina

I ko mākou ʻano noho ʻana ma Kapaʻahu, mālama mau ʻia nā pāʻina, nā ʻahaʻaina. ʻO ia ka manawa e hui pū ai nā poʻe—mai ka wahi kokoke a me ka wahi mamao, nā ʻohana a me nā hoaaloha. He manawa hauʻoli a i ʻole he wā kaumaha. ʻIke aku, ʻike mai; launa aku, launa mai; kōkua aku, kōkua mai.

Hiki mai ka manawa kūpono, no ka manaʻo o ia wā e hana ʻia ana he pāʻina, a laila, hoʻomaka ʻia e hoʻolālā. I ia manawa ʻaʻole i hoʻopuka ʻia kēlā hua ʻōlelo lūʻau no ka hana ʻana i ka ʻahaʻaina. Aia i ka wā o ke Kaua Honua ʻElua i lohe ʻia ai kēlā ʻōlelo e ʻōlelo ʻia ai ka ʻaha ʻaina he lūʻau.

Inā ua hoʻolālā ʻia he pāʻina ana, ʻo ka mea maʻamau, hele akula nā poʻe kōkua i ka home o ka mea nāna e hana ana i ka ʻahaʻaina. I laila e hoʻomākaukau ʻia ai nā mea ʻai o ka pāʻina. Hele maila ka poʻe no ke kōkua ʻana a laulima pū. Pēia nō e hoʻoikaika ʻia ai nā manaʻo aloha o ka ʻohana.

I kēlā wā, loaʻa wale nō nā mea ʻai no ka ʻahaʻaina mai ka ʻohana mai. Ua loaʻa i ka ʻohana a pau he māla ʻai. No laila, ua lako ke kalo no ka hana ʻana i ka poi a me ke kūlolo. Hoʻoiho nō, ko mākou wahi i hele kahakai, ua lako i nā mea ʻai o ke kai, ka ʻopihi, ka limu, ka ʻaʻama, a me ka iʻa. Hoʻoiho nō, kekahi o ko mākou ʻohana, hānai holoholona, ka pipi, ka puaʻa. A loaʻa nō ka ʻiʻo e hana ai i ka laulau a i ʻole no ke kālua. I kekahi manawa hele ka poʻe kāne i ke kuahiwi e huli puaʻa ʻāhiu no ke kālua ʻana. Aia i ka manawa hua o ke kuawa me ka manakō, ʻo ia ka ʻai a ka puaʻa. No laila, momona ka puaʻa ʻāhiu i kēlā manawa. I ka wā hua ʻole o ke kuawa a manakō paha, ʻai ka puaʻa i ka hāpuʻu, a i kēlā manawa ʻano hohono ka ʻiʻo puaʻa. ʻAʻole nō e kiʻi mau ʻia ana e ka poʻe i kēlā wā. No ka mea inu lama no ka pāʻina, hana ʻia ka 'uala 'awa'awa. I kekahi manawa kū'ai 'ia ka 'ōkolehao mai ka po'e puhi 'ōkolehao. 'O ia wale nō ka mea e kū'ai 'ia, 'o ka 'ōkolehao. 'O nā mea 'ē a'e a pau, loa'a wale. A no ke kono 'ana e hele i ka pā'ina, ma ka ha'i waha wale nō. 'O kekahi 'ano pā'ina, 'o ia ho'i, ma hope o ka pau 'ana o ka papakema o ka pēpē, hana 'ia he pā'ina papakema. He maluhia ke 'ano o kēlā 'ano pā'ina. 'A'ole ka ho'okani pila, ka hula ku'i, 'o ia mau 'ano.

A 'o ka pā'ina lā hānau—no ka piha makahiki 'ekahi o ka pēpē—hana mau 'ia kēlā 'ano pā'ina. 'Oi aku inā he pēpē mua loa a i 'ole he mo'opuna mua loa. Inā ua lohe ka po'e, he pā'ina piha makahiki ana o ka pēpē, hiki iā 'oe ke hele me ke kono 'ole 'ia mai. He mea ma'amau kēlā. No ka piha 'ana ia'u he 'umi kūmāwalu makahiki, ua noi au i ko'u mau mākua, ua makemake au i pā'ina no ko'u lā hānau. A ua hana ko'u mau mākua i pā'ina no'u, no ka 'ohana a me ko'u mau hoaaloha. Ma kahi kanalima po'e i hele mai. Ua hana ko'u pāpā i ke koloaka. He mea hou kēlā i ka po'e o ko mākou wahi. 'Akahi nō lākou a inu i ke koloaka. Ho'okahi wale nō 'ano 'ono, he "rootbeer." Ua nui ka maika'i. 'A'ole wai 'ona i ku'u pā'ina.

'O ka 'aha'aina male o māua me Herman, ua ho'omau 'ia no 'ekolu lā. I ka hale o Kūkū Mā ka pā'ina. Moe ka po'e i ka hale o ka 'ohana. I ke ao hele ka po'e i Punalu'u e 'au'au ai, me ka holoi i ka lole. I ke ahiahi ho'omau hou 'ia ka pā'ina—ka 'ai 'ana, ka ho'okani pila, ka hula ku'i. Hele a pau ka mea 'ai, 'ā, ho'i nā po'e a pau.

'O kekahi 'ano pā'ina e hana 'ia ai, 'o ia ho'i ka pā'ina komo hale no ka hale hou. Ho'omaika'i 'ia ka hale hou, a laila, ho'omaka ka pā'ina.

He Moʻolelo no Kapaʻahu

Aia nō kekahi ʻano, ʻo ka ʻaha ʻaina hoʻolaʻa. I ka hoʻolaʻa ʻia ʻana o ka hale pule i kaulana loa ai, ʻo ia hoʻi, ʻo Kalapana Star of the Sea Hale Pule Kākōlika i ka Lāpule, ʻumi kūmāiwa o ʻApelila, makahiki ʻumi kūmāiwa kanakolu kūmākahi, ua hele mai ka Pīhopa Alencastre mai Honolulu mai no ka hoʻolaʻa ʻana o kēlā hale pule. A ua pule ʻia ka meka kiʻekiʻe. Ma kahi ʻelima haneli poʻe i ʻākoakoa mai. Ua hoʻokani ka pāna kalana. Ua hana a hoʻomākaukau ʻia e nā hoahānau he ʻahaʻaina nui me ka manuahi no ka poʻe a pau i hele mai.

ʻO kekahi ʻano pāʻina, ʻo ka paʻina make. I koʻu wā ʻōpiopio, ʻo ke kino o ka mea i hala, no ka hoʻolewa waiho ʻia nō ke kino i ka hale no hoʻokahi lā me hoʻokahi pō. A hoʻomākaukau ʻia i mea ʻai no ka poʻe e hele mai ana i ka hoʻolewa. Kōkua a hana pū ka ʻohana. ʻO ka poʻe e hele mai ana mai ka wahi mamao mai, moe lākou i ka hale o nā ʻohana. He wā kaumaha kēia. Ua lohe au i ka uē kūō, ka uē helu o nā poʻe kūpuna. Ua like ka uē helu me ka uē kanikau. He ʻano like me ke oli, ʻo ia hoʻi, e haʻi ana e pili ana i nā lā i hala, ke ʻano o ka noho ʻana me ka nui o ke aloha. I ka hōʻea ʻana mai o nā kūpuna, hoʻomaka ke kanikau. ʻAʻole nō liʻuliʻu loa a pau. A i ka wā e lawe ʻia ana ke kino no ke kanu ʻana i ka hē, hoʻomaka hou ka uē, ke kanikau. A nalo ke kino, hoʻi maila ka poʻe i ka hale, a ua hoʻmākaukau ʻia e kekahi poʻe nō i ka hale i wai paʻakai. A laila, pīkai ʻia akula ka poʻe a pau e hoʻi mai ana mai ka hē mai. ʻO ka manaʻo hoʻi o kēlā wai pīkai—paʻakai—ʻo ia hoʻi, no ka hoʻomaʻemaʻe. Inā ua uhai mai ka ʻuhane o ka mea i make i ka poʻe e hoʻi mai ana i ka hale, na kēia wai pīkai e hoʻomaʻemaʻe iā lākou. Hoʻi maila ka poʻe a pau i ka hale, a e hānai ʻia ana nā poʻe a pau ma mua o ko lākou hoʻi ʻana i ko lākou home. He mea maʻamau kēia. Ma ke ʻano he aloha a me ka mahalo i ka poʻe a pau i hele mai. ʻAʻole nā mea hauʻoli o kēia ʻano pāʻina. A piha ka makahiki i lalo o ka mea i make, hana ʻia i pāʻina hoʻomanaʻo. Kono ʻia ka poʻe i hele mai i ka hoʻolewa, hui pū me nā ʻohana. He hana leʻaleʻa nō, aka, ma ke ʻano akahai. ʻO kekahi pāʻina ʻē aʻe, pāʻina no ka poʻe limahana. Ma kahi paha o ka pule a ʻoi ma hope mai o ka pāʻina nui i hana ʻia ai, e hana ʻia ana he pāʻina no ka poʻe limahana. Hana ʻia nō kēia pāʻina i ka home o ka mea nāna i hana i ka pāʻina nui. ʻO ka poʻe limahana, ʻo ia nō ka mea e kōkua e hana ana i kēlā ʻano pāʻina. Hele mai lākou me kā lākou ʻohana keiki, hana pū, ʻai pū, a hauʻoli pū.

I ka manawa i kūkulu ai ʻo Limaloa Waipā i pā pōhaku no kona pā hale, hele maila nā poʻe kokoke nō—nā mākua, nā kamaliʻi—e kōkua like. I kēlā manawa ʻaʻohe ka huilapalala. Halihali lawe lima ʻia ka pōhaku. ʻO nā kamaliʻi, hāpai i ka pōhaku māmā. ʻO ka poʻe nunui, hāpai ʻia ka pōhaku nunui. A paʻa ka pā, hāʻawi ʻo Limaloa i pāʻina mahalo no ka poʻe a pau i hele mai e kōkua iā ia. Na ka poʻe kōkua nō i kōkua no ka hoʻomākaukau ʻana i ka pāʻina.

Aia ma kēia mau ʻano pāʻina e lohe ai mākou i ka poʻe hīmeni me ka leo maikaʻi. I ka manawa o ka pāʻina, nui nā poʻe makaʻala i ka hīmeni me ka hoʻokani pila. Nui nā poʻe leo maikaʻi me nā mākua hoʻokani kī hōʻalu. Nanea i ka hoʻolohe. ʻO ka mea nui o nā mele, ʻo ka hua ʻōlelo a me ka moʻolelo o ke mele. He lōʻihi nā paukū o nā mele. Hoʻolohe nā poʻe i lohe pono ʻia nā manaʻo o ke mele. ʻO ia ka mea nui. ʻO nā mele kolohe, nā mele me nā manaʻo kaona, lohe pono ʻia nā hua ʻōlelo. Lohe ʻia ka ʻakaʻaka o ka poʻe, ka paʻipaʻi lima.

He Moʻolelo no Kapaʻahu

ʻO kekahi mea, ʻo ka hula kuʻi. Inā he mele e pili ana i nā kāne, na nā kāne nō e hula ia ʻano mele. Hula nō nā wāhine. ʻO ka poʻe hilahila wale i ka hula, kiʻi ʻia akula a huki lima ʻia a kū i luna a hula, me ka paipai o ka poʻe. ʻO kaʻu mea i ʻike ai e pili ana i ke ʻano o ka hula ʻana ma mua, ʻo ka lima, he kakaʻa ka manamana lima. ʻAʻole like me kēia manawa, ani peʻahi nā manamana lima. Ma ke kuhi ʻana o ka lima e haʻi ʻia ai ka manaʻo o ke mele.

I koʻu wā liʻiliʻi, ʻaʻole e hula nā keiki. Na ka poʻe nunui wale nō e hula. ʻO ke kumu i aʻo ʻia ai au me nā poʻe keiki ʻē aʻe i ka hula ʻana, ʻo ia hoʻi, i koʻu wā ʻōpiopio i ka manawa e hana ʻia ana he ʻaha mele no ka pōmaikaʻi huli kālā o ka hoʻomana Kākōlika a i ʻole ke Kalawina. Ua aʻo ʻo ʻAnakē Emma Heʻeia, koʻu inoa, i ka hana kapalō. Aʻo ʻia mākou poʻe keiki i ka hula. Kākaʻikahi wale nō mākou. ʻO ʻAnakē Heʻeia, he wahine noʻeau i ka hula, ka hoʻokani pila, ka hīmeni. He wahine puʻukani. No laila, nāna nō e aʻo iā mākou, nā keiki, nā mākua, i nā mea a pau, i ka hoʻonohonoho ʻana i ka papa hōʻike me kā mākou ʻano lole e komo ai. Loaʻa iā ia he mikini lole a nāna nō e humuhumu i ko mākou lole no ka hōʻike. ʻO ka wahi e hōʻike ʻia ai ke kapalō, i loko o ke keʻena hālāwai o ka hale pule. I ka wā o ka hōʻike, ua hoʻowehiwehi ʻia ke keʻena hālāwai me nā pua, nā lau nahele, ka maile. Auē, nui ka ʻaʻala. A pēia au i aʻo ʻia ai i ka hula ʻana.

He noho manawa wale nō ʻo ʻAnakala Punahoa me ʻAnakē Heʻeia ma Puna. ʻO ko lāua wahi noho maʻamau, aia i Punaluʻu, Kaʻū. I koʻu wā ʻōpiopio, he nui nā lā aʻu i noho ai me lākou. He mea maʻamau iā lākou i nā makahiki a pau, i ke ahiahi ma mua o ka lā Kalikimaka a me ka Makahiki Hou, hele lākou i ka hīmeni kalapu. ʻO ʻAnakē Heʻeia ko mākou alakaʻi. Hai ʻia he kaʻa no mākou. A hele mākou i Kapāpala Ranch. Ma mua, nui ʻino ka poʻe e noho ana i laila. A hele mākou i Pāhala, i Hīlea, i Nāʻālehu, Waiʻōhinu, a me Punaluʻu. Aia a pōʻeleʻele, hele akula mākou i ka hale o ka poʻe, ma ke ʻano hoʻopūʻiwa. Ma waho mākou o ka hale, kani aʻela kā mākou pila. ʻO ʻAnakala Punahoa, hoʻokani ʻo ia i ka waiolina. ʻO kāna keiki, ʻo Fred Punahoa, hoʻokani ʻo ia i ke kīkā. Liʻiliʻi ʻo ia, no laila, ua like nō kona nui me ke kīkā, akā, maikaʻi kona hoʻokani ʻana. A ʻo nā kaikamāhine a ʻAnakala Punahoa, ʻo ia hoʻi ʻo Leialoha me Keahi, ʻo lāua ka mea hīmeni, me ka leo maikaʻi, ka leo kiʻekiʻe. ʻO ʻAnakē Heʻeia, hoʻokani ʻo ia i ka pila liʻiliʻi, a ʻo au ka mea e hula. Lohe ka poʻe iā mākou, hemo maila ka puka, kono ʻia mākou e kipa i ka hale. Hoʻoleʻaleʻa mākou no ka manawa pōkole. A inā au e hula, ʻā, kiloi ʻia maila ke kālā i ka papahele. A hele a pau kēlā hoʻoleʻaleʻa ʻana a mākou, ʻā, hele hou akula mākou i kekahi hale ʻē aʻe. Hele mākou a ao ka pō. I kekahi wahi, hāʻawi maila ka poʻe iā mākou i ke kālā, a i ʻole hānai ʻia mākou. ʻO ke kālā i loaʻa iā mākou, māhele ʻia i waena o mākou. Maikaʻi ia mau lā.

He Moʻolelo no Kapaʻahu

Moʻolelo 7. Nā Hōʻailona

He moʻolelo kēia e pili ana i nā hōʻailona. I ka wā ma mua makaʻala ʻia nā hōʻailona o ka ʻāina e ka poʻe, no ka mea, ma mua o ko lākou hele ʻana i ka lawaiʻa paha, ka huli holoholona mea ʻiʻo ʻai, a i ʻole i ke kanu ʻana o nā mea kanu e like me ka ʻuala, ka maiʻa, ua nānā lākou, nā poʻe kūpuna, i nā hōʻailona. Hākilo lākou i ke ʻano o ka puhi ʻana paha o ka makani, ke ʻano o ka ʻoē ʻana o ke kai, ke ʻano o ke ao i ka lani.

E pili ana i ka makani: ua kamaʻāina iā mākou ma Kapaʻahu, he makani Hoʻolua. A ʻo kekahi inoa nō, he makani Hoʻolulu. ʻO kēlā makani, mai ke kuahiwi mai. Puhi aʻela kēia makani mai ke kuahiwi a hiki i ka moana. A inā hoʻomaka kēia makani Hoʻolua e puhi, he manawa maikaʻi kēlā e hele ai i ka holoholo kahakai, no ka mea, ʻo kēia makani hoʻi, kaomi maila ma uka mai. A kaomi ʻia akula ke kai a pohu ke kai. Maikaʻi ka manawa e hele ai i ka holoholo. A ʻo kekahi ʻano makani nō o mākou, he makani Kona. Mai ka ʻaoʻao Kona mai kēlā makani e puhi mai ai. A inā hoʻomaka kēlā makani, lohe mau mākou i ka ʻōlelo a nā mākua, "He makani maʻi kēlā. No laila, mālama pono i ke kino." Inā mākou hele e ʻauʻau, hoʻi maila me ka lole ua pulu, ʻōlelo ʻia maila mākou, "Wehe i kēnā lole pulu. Komo i ka lole maloʻo. Mālama i ke kino!"

A ʻo kekahi ʻano makani nō, he makini hele uluulu. ʻO kekahi ʻano makani, he makani pūhiohio. ʻIke ʻoe i kēlā ʻano makani i waho i ka moana. Ke hoʻomaka kēlā makani, ʻā, ʻike ʻoe i ka mimilo o ke kai. ʻIke ʻia nō kēlā ʻano makani i ka ʻāina. ʻIke ʻoe ma ka mimilo o ka lepo, a he makani pūhiohio kēlā. ʻO kekahi ʻano makani, ma kai mai. A inā puhi mai ka makani ma kai mai, mai ke kai, pā i uka i ke kuahiwi. ʻAʻole kēlā he wā kūpono e hele

Emma Kauhi

ai i ka holoholo kahakai, no ka mea, ʻo kēia makani ma kai mai, he makani ʻano hoʻonunui i ka nalu i ke kai. Ke hoʻomaka mai ka nalu, na kēia makani e kākoʻo mai paha ma hope mai. Ke mahola ka nalu, mahola kēia nalu a pili i uka. No laila, ʻaʻole kēlā he wā kūpono e hele ai i ka holoholo kahakai.

ʻO kekahi nō, nānā ʻia ke ao i ka lani. ʻIke au iā ʻAnakala Kaipo i kekahi manawa i ke kakahiaka ma mua o ka puka ʻana o ka lā. Hele akula ʻo ia ma mua o ka hale i waho. E nānā ana ʻo ia i luna i ka lani. E hākilo ana ʻo ia. ʻĀ, he aha lā kāna mea i makemake ai e hana? A ma hope mai, i kekahi manawa lohe aʻela au i ka ʻōlelo, "ʻĀ, e mālie ana. He manawa maikaʻi kēia e hele ai i kahakai i ka ʻohi paʻakai."

A ʻo kekahi hōʻailona nō o ko mākou wahi, ʻo ia hoʻi ʻo ka ʻoē a ke kai. Inā lohe ʻia ka ʻoē a ke kai ma Kaunaloa—i kekahi manawa lohe ʻoe i ka pahū o ka nalu i nā pali—a lohe ʻoe i kēlā, ʻā, he wā ʻinoʻino kēlā o ke kai. ʻO kekahi wahi nō ma mua pono o koʻu hale, ma Halehā, inā he wā ʻino o ke kai, hiki nō iā ʻoe ke lohe i ka pohā o ka nalu. I kekahi manawa lohe ʻoe i ka ʻolokaʻa ʻia o ka pōhaku e ka nalu. A inā ʻoe lohe i kēlā ʻano mau mea, ʻinoʻino ke kai. ʻAʻole kēlā he wā kūpono e hele ai i ke kahakai. ʻO kekahi nō, ma Kūpāpaʻu. He lae kēlā, ʻo ia hoʻi, lohe ʻoukou i kēlā wahi e kahe nei ka pele ma Kūpāpaʻu, ʻo ia kēlā wahi. Hiki nō iā mākou ke lohe i ka ʻoē o ke kai mai Kūpāpaʻu mai. I kēlā wahi wale nō e lohe ʻia ai ka ʻoē o ke kai. Akā, ma ke ʻano o ka ʻoē ʻana o ke kai i maopopo ai. No ka mea i kekahi manawa, hōʻole aʻela ko mākou poʻe mākua, a lohe ʻoe i ka ʻōlelo, "ʻĀ, e mālie ana." A ma kekahi ʻano ʻoē ʻana o ke kai—pehea lā i maopopo ai iā lākou?—a lohe aʻela wau i ka ʻōlelo, "ʻĀ, e ʻinoʻino ana ke kai. E ʻino ana kākou."

He Moʻolelo no Kapaʻahu

A ʻo kekahi hōʻailona, ʻo ia hoʻi, ʻo ke Kualau, ʻo ia hoʻi, ka ua kaʻi i ka moana. A lohe au i ka ʻōlelo ʻia, "Kualau ʻōhua," ʻo ia hoʻi ka manawa e pae mai ai ka ʻōhua. I koʻu wā liʻiliʻi aʻu e noho ana ma Punaluʻu, Kaʻū, ua hele au i kēia mea ʻo ke kāʻeʻe ʻōhua me kuʻu ʻanakē. Ma mua o ko mākou moe ʻana, ua ʻōlelo maila ʻo ia iaʻu, "I ka lā ʻapōpō, e hele ana kāua i ka holoholo." A ʻike akula wau i ka hoʻomākaukau, kona hoʻomākaukau i ka ʻupena kāʻeʻe ʻōhua. Hele akula, kiʻi akula he mau lālā, lau nui maloʻo, a waiho. A kakahiaka nui ma mua o ka puka ʻana o ka lā, hoʻāla maila ʻo ia iaʻu. ʻŌlelo maila ʻo ia iaʻu, "Hele kāua!" Hele akula māua. A kaualakō akula au i kēia mau lau niu maloʻo a ʻo ʻAnakē Heʻeia, paʻa nō ʻo ia i ke ʻeke me ka ʻupena kāʻeʻe ʻōhua. Hele akula māua a hiki i ke kai. A hele akula ma nā wahi poho wai pāpaʻu. A ʻike akula ʻoe i kēia poho wai, he mau puʻu pōhaku ua paepae ʻia, akā, ʻo kēlā ʻano, he imu kēlā. A ʻo kēlā puʻu pōhaku hoʻi, ʻo ia ka mea, ka wahi e holo ai ka ʻōhua. A hele akula māua i loko o kēia wai, hoʻomaka māua e kāpeku i holo hoʻi ka iʻa i loko o kēia imu. A laila, hoʻopili maila ʻo ʻAnakē i kāna ʻupena ma kekahi ʻaoʻao o kēia imu a aia au ma kekahi ʻaoʻao me kēia lau niu. Houhou akula wau i kēia lau niu i loko o ka puka pōhaku. A holo akula ka iʻa a komo i loko o ka ʻupena. A pēia e kāʻeʻe ʻōhua ai. A ʻo ka ʻōhua maikaʻi, ʻo ia hoʻi, ka ʻōhua liko. ʻO ia kā mākou mea makemake, ʻōhua keʻokeʻo. ʻO ia ka manaʻo o kēlā e hele ai ma mua o ka puka ʻana o ka lā, no ka mea, ma mua o ka ʻai ʻana o ka ʻōhua. Inā māʻamaʻama, ʻai ka ʻōhua i ka limu paha, ʻo ia mau ʻano, a hāuliuli aʻela kēia ʻōhua. A nui a ka ʻōhua a lilo i manini.

ʻO kekahi mea hoʻi, e pili ana i ka ʻopihi. He hana nui ka ʻopihi e kiʻi ʻia ai. ʻOiai he mea ʻono kēlā iā kākou, ʻeā? ʻO ke ʻano o ka ʻopihi, he ʻopihi ʻālinalina. ʻO kēlā ʻano ʻopihi, ʻano melemele kona 'ano. A 'o ka wahi e loa'a ai kēlā 'ano 'opihi, 'ano hala loa i waho, ka wahi e po'i mau ai ke kai. A 'o ia nō ka mea 'ano hana nui nō e holo ai i uka i kai, nānā i ka nalu e ku'i ai i kēlā 'ano 'opihi. A 'o kekahi 'ano 'opihi, ka 'opihi kō'ele, 'opihi nunui. A 'o kekahi 'ano opihi nō, ka 'opihi makaiauli. A 'o kēlā 'ano 'opihi, 'a'ole nō e noho i ka wahi po'i mau o ka nalu. Aia nō ua ka'a maila i uka. Ka'a mai i uka, a ma laila nō e kau ai kēlā 'ano 'opihi. A i ka wā ua, ka wā 'e'e kēlā o ka 'opihi. A 'o ka iwi 'opihi o kēlā 'opihi kō'ele, 'o ia ka iwi maika'i no ka ihi 'ana i ka 'ai, ka ihi 'ana i ke kalo, ka 'ulu.

'Ōlelo 'ia mai, ke kau ka hōkū i ka pō, he manawa 'e'e kēlā o ka pipipi, 'e'e ka kūpe'e. 'O kekahi nō ho'i, inā hua ka 'ulu, 'ā, 'o ka hō'ailona kēlā kau o ka he'e pali. 'O kekahi hō'ailona nō, inā pala ka hala, pua ka hīnano, 'ā, 'o ka wā 'i'o kēlā o ka wana, ka hā'uke'uke. I kekahi manawa iā mākou e hele ana i ke kahakai, 'ike akula mākou i ka 'au o ka nai'a. 'Ōlelo 'ia maila iā mākou, "Ina 'au ka nai'a ma Hilo, 'ā, e mālie ana ke kai. Ke 'au ka nai'a ma Ka'ū, 'ā, e 'ino'ino ana ka moana." 'O kekahi mea hō'ailona nō, 'o ia ho'i, e pili ana i ke kumu wiliwili. Inā pua ka wiliwili, he wā nahu ka manō, no laila, inā 'oe no'ono'o ana e hele i ke kahakai, kūpono 'a'ole hele i ka moana hohonu e hele ai i ka holoholo kahakai. A 'o kekahi mea maika'i nō e maopopo ai 'oukou, 'o ia ho'i, inā kū kou wāwae i ka kui o ka wana, ho'okau 'oe me kou mimi e ho'opau ai i ka 'eha. Maika'i kēlā! Ua kū ko'u wāwae i ka iwi o ka wana a ua holoi au me ko'u mimi. A no ka nui o ka 'eha, ua ho'i au e hiamoe. I ku'u ala 'ana a'e, pau kēia 'eha, 'oiai aia nō kēia kui wana i loko o ko'u wāwae.

Eia nō he kanaka, kanaka lawai'a, 'o kona inoa 'o Kini 'Ākī. 'Ōlelo mai 'o ia iā mākou, "He pepeiao nō ko ka i'a. Ua hiki i ka i'a ke lohe. No laila, inā 'oe e hele ana i ka lawai'a, 'ōlelo 'oe e

He Moʻolelo no Kapaʻahu

hele ana ʻoe i ka holoholo." A he wahi moʻolelo nō kēia, moʻolelo pōkole e pili ana i kēia mea. I kekahi lā, ua lohe au i koʻu mau hoahānau e kūkā ana ma waena o lāua, "Ō, hele kāua i ka lamalama i kēia pō." A i kuʻu lohe ʻana, makemake au e hele. No laila, i kēlā ahiahi ua hoʻomākaukau lāua e hele a ua uhai au iā lāua. A e hele ana mākou i ke kahakai, ka pali kahakai, a noho liʻiliʻi ma laila. A pōʻeleʻele, hoʻā ʻia ka lamalama. A ʻo wau me ke kukui hele pō nō hoʻi, uhai akula wau iā lāua. Hele akula mākou i ka lamalama. ʻAʻole lōʻihi ma hope mai, poʻi ʻia lāua e kēia nalu. Pio kēia lama. ʻĀ, ʻōlelo mai lāua, "ʻE, pono kākou e hoʻi!" E hoʻi ana mākou. Hoʻi aku nei mākou a puka i ka hale. ʻIke mai nei ʻo ʻAnakē Luika a nīnau mai nei iā mākou, "A pehea mai nei kā ʻoukou holoholo?" ʻŌlelo aku nei kēia mau hoahānau, "ʻAʻohe mea i loaʻa! ʻAʻohe mea hoʻokahi i loaʻa!" ʻŌlelo mai nei ʻo ʻAnakē Luika, "Pehea aneʻi? I ka hale nei nō ua pau iā ʻoukou, ʻHele ana i ka lamalama, hele ana i ka lamalama.ʻ Lohe ʻia maila nō. Hele mua aku nei kēlā poʻe, hoʻokuke ʻia aku nei ka ʻaʻama. ʻO ia nō ko ʻoukou mea i hoʻonele mai nei." Pehea lā? ʻO ka pili paha kēia moʻolelo i ka mea a Kini ʻĀkī i ʻōlelo ai. He pepeiao nō ko ka iʻa.

ʻO kekahi ʻano hana lawaiʻa nō, ʻo ia nō ke kā mākoi, ke kiloi ʻupena, ka ʻō iʻa, ka holo waʻa.

No nā mea kanu, e like me ka ʻuala, ka maiʻa, nānā ʻia ma ka mahina, a i ka wā kūpono, lohe akula au iā ʻAnakē mā i ka ʻōlelo, "ʻĀ, manawa kūpono kēia e kanu ai i ka ʻuala paha, i ka maiʻa paha." Inā hua mai ka ʻuala, ka maiʻa, nunui.

A no ke ʻano o ke kai, he mau ʻano kai nō, e like me ke kai make. A ʻo ke kai make, i kekahi manawa, ʻōlelo ʻia ʻo ke kai pilau, no ka mea, ke maikaʻi loa ke kai, hele ka limu, ka ʻopihi, ka pipipi, ʻo ia mau ʻano, hele a maloʻo. No laila, nui ka pilau inā

hele ʻoe ma ka ʻae kai, a kuakea ka pali kahakai. ʻO kekahi ʻano kai nō, he kai hohonu. ʻO kekahi, he kai ʻōpihapiha. ʻO kekahi ʻano, ke kai hōʻeʻe, kaiapele. No laila, ua ʻōlelo ʻia maila iā mākou, "Inā ʻoe hele i ke kahakai, akahele ka hele ʻana. Mai huli ke kua i ke kai!"
A ʻo kekahi manaʻo nō, ʻo ia hoʻi, e pili ana i ke ōlaʻi. I kekahi manawa, inā ōlaʻi, lohe nō mākou i ka halulu. A he hōʻailona kēlā e ōlaʻi ana. ʻO kēlā ʻano halulu, ke ʻoe lohe, kohu mea he kalaka nui paha e holo mai ana. Akā, lohe ʻia kēia halulu ma lalo mai o ka honua. A inā ʻoe lohe i kēlā, he mau kekona ma hope mai, hoʻomaka e ʻoni ka honua. A, ʻo ia ihola nā ʻano hōʻailona i kamaʻāina iā mākou, a ʻo ka palena kēia o kēia moʻolelo.

He Moʻolelo no Kapaʻahu

Moʻolelo 8. ʻO Ka Lāʻau Lapaʻau A Me Ka Hoʻoponopono

ʻO ka Lāʻau

ʻOiai ua hānau ʻia au a ua hānai ʻia au ma ke ʻano mai nā kūpuna mai, no laila, ua ʻumi kūmāhiku oʻu makahiki i ka mua loa o koʻu ʻike ʻana i ke kauka. Ua piʻi mākou, kuʻu makuahine a me ʻAnakē Luika mā i Poupou, Poupou Uka, e noho ai no mau lā no ka mahi ʻai ʻana. A loaʻa iaʻu ka ʻeha ʻūmiʻi ma koʻu iwi ʻaoʻao. Hoʻokau ʻia au ma luna o ka lio. Hoʻihoʻi maila koʻu makuahine iaʻu i ka hale. ʻO koʻu manaʻo, e lawe ana ʻo Māmā iaʻu e ʻike iā ʻAnakē Maka i Pāhoa. He wahine hooponopono ʻo ia. Akā, hoʻea māua i ka hale, e noho ana koʻu makau kāne. I kona ʻike ʻana iaʻu, hoʻokau ʻo ia iaʻu ma luna o kona kaʻa. Lawe ʻo ia iaʻu i ʻŌlaʻa, i ka wahi hāʻawi lāʻau o ka mahi kō. Ma laila, ʻike ke kauka iaʻu. A kauoha ke kauka e lawe ʻia wau i ka haukapila i Hilo. Noho au i ka haukapila a ʻoki ʻia wau. ʻIke ʻia koʻu pilikia he naʻaumoa. ʻO ka maka mua loa kēia o koʻu ʻike ʻana i ke kauka a me ka haukapila.

Ma mua o kēlā manawa, inā loaʻa mākou i ka maʻi, ʻo ka lāʻau Hawaiʻi nō ka mea e hāʻawi ʻia iā mākou. ʻO ka lāʻau maʻamau no ka manawa ʻōmaʻimaʻi inā ʻeha ka puʻu, ʻo ka ʻuhaloa. He lāʻau maikaʻi kēlā. ʻO ka muʻo kuawa he lāʻau no ka nahunahu o ka ʻōpū a i ʻole ka hī. ʻO ka noni, he lāʻau hoʻoikaika. ʻO ke kukui maka, no ka ʻea. ʻO ka wai o ka nui haohao, no ka hoʻohemo ʻana inā he pōhaku i loko o ke au. ʻO ke kolī, he lāʻau hoʻonahā. A pēia wale aku.

Eia nō kekahi ʻano hana hoʻōla, ʻo ka hoʻopūloʻuloʻu, hoʻopūloʻuloʻu me ka maile hohono, a i ʻole ka lau maloʻo o ka palepīwa. ʻO ia hoʻi, inā he pīwa a i ʻole inā paʻa pū ka umauma, ʻā, hana ʻia ka hoʻopūloʻuloʻu. No ka uhahemo, i ke awakea, inā wela ke one, ʻeli ʻia he lua a noho ʻoe i loko o kēlā lua. ʻO ka laukahi, hoʻomehana ʻia ka lau, a laila, hoʻokau ʻia i luna o ka maʻi hēhē. A i ʻole, inā he ʻeha palahēhē, pēia e hoʻohemo ʻia ai ka pala hēhē. ʻO ka lau lāʻī, hoʻohana ʻia nō no ka ʻeha o ke poʻo a i ʻole no ka hoʻēmi pīwa. ʻO ka lau maloʻo o ke koʻokoʻolau, a i ʻole ka māmaki, kupa ʻia i kī i mea hoʻokaika kino.

Inā ʻano nui ka maʻi o ke kanaka, hāʻawi ʻia ka lāʻau lapaʻau ma ke ʻano kuʻuna. Loaʻa nō nā lula ma ke ʻano o ka ʻohi ʻana o ka lāʻau, ke ʻano o ka hana ʻana o ka lāʻau. ʻO ke ʻano o ka ʻai ʻana o ka lāʻau, ma ke kualima. A piha ke kualima, hana ʻia ke pani. Ma mua o ka ʻai ʻana o ka lāʻau, hana hoʻoponopono, ʻo ia hoʻi, mihi a me ka pule hoʻomaikaʻi.

Inā he maʻi pilikia loa, hele ʻia e ʻike i ke kahuna lapaʻau. E hana ʻia ka lāʻau e like me kāna mea i haʻi ai, i holo pono nā hana. Inā pāʻewa ka hana ʻana, ʻaʻole nō e holo pono ana ka hana o ka lāʻau. Mālia paha, ua haʻi ʻia mai e kiʻi i ka pua koali; mālia paha ma mua o ka puka ʻana o ka lā; mālia paha ʻo ka pua e huli ana i ka hikina o ka lā. ʻO ia mau ʻano.

ʻO nā ʻano lau nahele ʻē aʻe e hana ʻia ai ka lāʻau, ʻo ia nō ka liko ʻōhiʻa, ka pōpolo, ka haʻuōi, a nui wale aku. I kekahi manawa, ua ʻānoni ʻia ka lāʻau me ke kō, a i ʻole ka paʻakai kahakai. Hana ʻia ma ka ʻapu—ka maʻamau o ka māhele lāʻau—no ʻelima lā, hoʻokahi manawa o ka lā, i ke kakahiaka ma mua o ka ʻai ʻana. Ma mua o ka ʻai ʻana o ka lāʻau, pule ʻia ka pule hoʻomaikaʻi a me ka pule mihi. A ʻai ʻia ka lāʻau a piha ke kualima, a ʻai i ke pani. Mālia paha ua haʻi ʻia mai i ka manawa o ke kuhikuhi ke ʻano o ke pani. Mālia paha he hua moa kupa ʻia a i ʻole he ʻano iʻa. A e ʻai ana ʻoe a pau pono kēlā pani.

He Moʻolelo no Kapaʻahu

Aia nō kekahi ʻano lāʻau e haʻi ʻia i loko o ka moeʻuhane. Ua ʻike au i kēlā ʻano. No ka mea, ma hope o koʻu hānau ʻana i kaʻu keiki helu ʻehā, ua oki loa koʻu kino, ʻōmaʻimaʻi au. Ua hele mai koʻu māmā e kiʻi iaʻu me kaʻu mau keiki i hiki iā ia ke kōkua iaʻu ma ka mālama i kaʻu mau keiki me aʻu pū. Hoʻokahi lā e hiamoe iki ana au, a loaʻa iaʻu ka moeʻuhane. ʻO ia hoʻi, i loko o kaʻu moeʻuhane, hele mai nei kēia kanaka. A i loko o kona poli he pūʻā lāʻau ʻihi, ka ʻihi me ka pua ʻākala. Hāʻawi mai ʻo ia iaʻu i kēlā pūʻā ʻihi. Ala au. Kākaʻikahi koʻu manawa e moeʻuhane ai. No laila, haʻi aku nei au i kaʻu moeʻuhane iā Māmā. Pane mai nei ʻo ia, "Auē. ʻO kou lāʻau kēlā. Hele kākou e kiʻi i kou lāʻau." A hele ana mākou, ʻohi ʻihi a loaʻa, hoʻihoʻi i ka hale. A hoʻokaʻawale ʻo Māmā i ka lau maikaʻi a kaulaʻi ʻia ka ʻihi; a maloʻo, kupa ʻia i kī. Mai kēlā manawa mai, ʻo ia wale nō kaʻu wai e inu ai, ke kī o ka wai ʻihi. ʻO ia ka wai e kupa ʻia ai kaʻu mea ʻai, ʻo ia ka wai e hoowali ʻia ai kaʻu poi. Pēia au i ʻai ai i kaʻu lāʻau a hala he mau mahina paha. Ma hope mai, hoʻomaka au e ʻono i ka ʻai; maikaʻi maila koʻu olakino; pau koʻu ʻōmaʻimaʻi. ʻŌlelo mai ʻo Māmā, "ʻAʻole e maikaʻi inā hoʻohui ʻia ka lāʻau a ke kauka me ka lāʻau lapaʻau. No laila, inā he lāʻau lapaʻau kāu e ʻai ana, ʻo ia wale nō ka lāʻau e ʻai ai."

Aia nō kekahi ʻano lāʻau, ʻo ka lāʻau kāhea—no ka iwi haʻi, me ka maui, a i ʻole ka iwi pahemo. ʻO ke keiki a koʻu kaikunāne, ua pahemo ka iwi o kona lima. Ua nui kona ʻehaʻeha. A aia lākou i Hilo kahi i noho ai. No laila, ua noho ʻo ia i ka hale a ua hele mai kona makuahine i Kalapana ʻe ʻike ai i kekahi wahine, he Hawaiʻi, e hoʻoponopono no ka pilikia o kāna keiki. Ua maopopo ʻia e pili ana i kēia wahine i Kalapana no kona ʻike e pili ana i ka lāʻau kāhea. No laila, hui lāua, walaʻau pū. He mau lā ma hope mai, ua ola ka iwi pahemo, pau ka ʻehaʻeha. I ka manawa i hoʻomaka ai ʻo ʻAnakē Luika i kona hoʻokiʻo, ua nui kona heʻe koko, malule ʻo ia. Ua hana ʻo ʻAnakala Kaipo, kāna kāne, i lāʻau Hawaiʻi. Ua hele ʻo ʻAnakala Kaipo i Kupahuʻa e kiʻi i ka lepo ʻalaea. A ua hele au me ia. I Kupahuʻa, ma kekahi pali haʻahaʻa, he ana liʻiliʻi. Ma ka paia o ke ana ka lepo ʻalaea. Maʻemaʻe kēlā ana. Kopekope māua i ka lepo ʻalaea me ka iwi ʻopihi, a hoʻokomo i loko o ka pūʻolo. ʻIke au iā ʻAnakala e hana ana i ka lāʻau i ka hale—ka lau nahele, ka paʻakai, me ka lepo ʻalaea. Hana ʻo ia i ka lāʻau a pau. Hāʻawi ʻo ia iā ʻAnakē. ʻO ia kāna lāʻau e ʻai ai. Ma hope mai ua pau ka heʻe koko o ʻAnakē.

Eia nō kekahi, ua maʻi ʻo ʻAnakē Kanoe, a lawe kāna kāne ʻo ʻAnakala ʻOulu iā ia e ʻike i ke kauka. A ua haʻi ʻo Kauka Irwin iā lāua he maʻi ʻaʻai i loko o ka ʻōpū o ʻAnakē. A ua ʻōlelo ke kauka e ʻoki; a ua hōʻole lāua. Ua hele lāua e ʻike i kekahi kahuna lapaʻau i ʻŌlaʻa. Ua ʻōlelo ke kahuna lapaʻau iā ʻAnakala ʻŌulu i kāna mea e hana ai. Kiʻi i ka lāʻau Hawaiʻi. ʻIke mau wau iā ʻAnakala: kau ʻo ia ma luna o kona lio, hele ʻo ia i ke kuahiwi a i ʻole i ke kahakai e huli ai i ka lau nahele no ka lāʻau a ʻAnakē. ʻIke au iā ʻAnakala i ka hoʻomākaukau i ka lāʻau a hāʻawi iā ʻAnakē Kanoe e inu ai. Ma hope mai, ua ola maikaʻi kona kino, ʻo ʻAnakē Kanoe, a ua lōʻihi nā makahiki i ola ai ʻo ia.

ʻO Ka Hoʻoponopono

I ka wā aʻu e noho ana me koʻu ʻohana, i koʻu wā ʻōpiopio, nui nā mea aʻu i ʻike ai a i lohe ai e pili ana i ka hoʻoponopono. He nui nā lula maʻalahi—inā ʻoe e hele i ke kahakai a i ʻole i ke kuahiwi a i ʻole i ka home, e hana maikaʻi ʻoe i nā pōkiʻi me nā poʻe ʻē aʻe. ʻŌlelo mai koʻu makuahine iaʻu, "Mai hana ʻino iā haʻi. No ka mea, aia ko lākou ʻaumakua ke kiaʻi maila iā lākou.

He Moʻolelo no Kapaʻahu

Inā ʻoe e hana hewa ana iā haʻi, ma hope nō e loaʻa ana ka hoʻopaʻi iā ʻoe." ʻŌlelo mai koʻu makuahine iaʻu, "'Oiai ua hala ko kākou kūpuna, akā, aia nō lākou ke kiaʻi maila iā kākou. ʻAʻole hiki iā kākou ke lohe a i ʻole ʻike iā lākou. Akā, hiki iā lākou ke ʻike me ka lohe iā kākou." No laila, ʻo kā kākou mea e hana pono ʻole ana i ke kanaka, ʻo ka hopena, e ili ana ka hewa ma luna o kākou—malia paha ʻo ka maʻi, a i ʻole ka ulia pōʻino. Inā pēlā, pono e hoʻoponopono ʻia i maopopo ʻia ke kumu o ka pilikia, inā he mea ma waena o ʻelua paha poʻe a i ʻole ma waena o ka ʻohana a i ʻole ma waena o ka pūʻulu. Ma mua o ka hoʻomaka ʻana o ka hoʻoponopono, pono e loaʻa he alakaʻi. ʻO ke kupuna nō ka mea kūpono no ke alakaʻi. A e ʻāpono nā poʻe a pau i ka hana hoʻoponopono. E hui pū, kūkā i ka pilikia a pau ka hihia, mihi aku mihi mai, a huikala ʻia nā pilikia. Pau kēlā, hoʻopau ʻia me ka pule, ʻo ia hoʻi, ka pule hoʻopau.

No ka hele ʻana e ʻike i ke kahuna hoʻoponopono, i kekahi manawa, hele nō no hoʻokahi wale nō manawa, a hiki ke hoʻoholo ʻia ka pilikia. I kekahi manawa, he mau hele ʻana. Hoʻomanaʻo au i ka manawa i loaʻa ai ʻo Māmā i ka maʻi. Ua hele ʻo Māmā e ʻike iā ʻAnakē Maka i Pāhoa. Naʻu i kalaiwa ke kaʻa a lawe au iā Māmā i ka hale o ʻAnakē Maka. I kekahi manawa inā he moe ʻuhane kā Māmā, haʻi akula ʻo ia i ke kahuna. Wehewehe maila ke kahuna i ka moe ʻuhane. I kekahi manawa ma ka moe ʻuhane e loaʻa ai ka manaʻolana e pili ana inā he hewa, a i ʻole hōʻea mai ka ʻuhane—kāhea ʻia kēlā he makani. Inā e hōʻea mai ana ka makani, ʻōlelo aʻela ke kahuna iā Māmā, "Ā, eia mai ke kolohe." ʻO ke kolohe, ʻo ia hoʻi ka inoa o ko mākou ʻuhane kiaʻi. Walaʻau akula ke kahuna i ka ʻuhane, me ke ʻano minoʻaka, a i ʻole ʻakaʻaka. Kohu mea e walaʻau ana ʻo ia i kekahi poʻe. Kohu mea e hoʻolohe ana ʻo ia i ka pane paha. Aia naʻe, hoʻokahi wale nō leo aʻu e lohe nei, ka leo o ke kahuna. Ke walaʻau nei ʻo ia i ka makani e pili ana i ka maʻi o Māmā me ka moe ʻuhane. ʻAno lōʻihi kona walaʻau ʻana me ka ʻuhane, a laila, huli maila ke kahuna, kūkā me Māmā. A pau, walaʻau hou ʻo ia i ka makani. A huli aʻela ke kahuna, ʻōlelo iā Māmā, "Pehea ʻoe me kou kaikunāne?" ʻŌlelo aʻela ʻo Māmā, "ʻAe..." ʻO ko lāua hoʻopaʻapaʻa, ko lāua kūʻē. ʻŌlelo ʻia iā Māmā, e pono ʻo ia e e hele e ʻike e mihi i kona kaikunāne. Walaʻau aʻela ke kahuna, "ʻĀ, ke hoʻi ala ke kolohe. Ua pau ka pilikia." A ua hele ʻo Māmā e hana i ka mea i haʻi ʻia mai iā ia. A ua ola kona maʻi. A ua maikaʻi ka noho ʻana me kona kaikunāne. No laila, ua holo pono nā hana: ua mihi, ua kala, ua ʻoki ʻia nā pilikia.

I kekahi manawa, he hana mihi hōʻeha ma ke ʻano hoʻokē ʻai—mai ke kakahiaka a hiki i ke awakea ʻaʻole mea ʻai, ʻaʻole wai. He manawa haipule kēlā me ka noʻonoʻo. Malia paha ʻo ka hoʻokē ʻai no mau lā. Aia nō i ke ʻano o ka nui o ka pilikia.

No laila, inā he maʻi ke kanaka, hāʻawi ʻia ka lāʻau lapaʻau. Inā mau ka maʻi, a laila, hele ʻia i ke kahuna hoʻoponopono. I kekahi manawa, ua mau nō ka maʻi, ua lohe au i ka ʻōlelo ʻia, "ʻAʻole ʻo ia i ʻōlelo me ka pololei i kona hewa. Ua ʻauʻa nō paha ʻo ia i kekahi mau manaʻo." A i ʻole, "ʻAʻole i ʻoiaʻiʻo ka mihi ʻana, ka ʻoki ʻana."

Inā hāʻule he mea ʻōpiopio, he mea kaumaha loa kēlā. Inā hāʻule i ka wā ʻelemakule, ka wā luahine, he mea i ʻāpono ʻia kēlā. ʻO ka palena kēia o ka moʻolelo.

He Mo'olelo no Kapa'ahu

Mo'olelo 9. Mo'olelo O Pele A Me Ka 'Ōhelo

'O ka'u mo'olelo e ha'i ana au iā 'oukou, 'o ia ho'i, e pili ana iā Pele a e pili ana i ka hua 'ōhelo. Lohe au i ka 'ōlelo 'ia i kekahi manawa ke ōla'i, "Ā, e ho'i mai ana ka wahine i ka lua," a 'o ka wahine ho'i, 'o ia nō 'o Pele, a 'o ka lua, 'o ia nō 'o Halema'uma'u. Ua 'ōlelo 'ia mai ia'u, he 'elua 'ano pele, 'o ia ho'i, ka pele kama'āina a me ka pele malihini. 'O ka pele kama'āina, 'o ia ka pele e 'ā ana i Halema'uma'u; a 'o ka pele malihini, 'o ia ka pele 'auana, hū ma 'ō ma 'ane'i, kahe ma 'ō ma 'ane'i. 'O ia nō paha kēia pele a kākou e 'ike nei i kēia lā.

I ko'u wā 'ōpiopio, ua lohe au e pili ana i ka hua 'ōhelo. 'Ōlelo 'ia maila e nā mākua iā mākou, "Mai 'ai i ka hua 'ōhelo, na Pele wale nō kēlā!" A ho'okahi manawa i 'ā ai ka pele i Halema'uma'u, a ua hele mākou e 'ike. 'O ka 'ōhelo ho'i, ulu ma ka lua pele ma ka'e o ke alanui. Nui 'ino. A hele aku nei mākou a kokoke i ka lua. Kū ke ka'a. A hele mākou e 'ohi lālā me ka hua 'ōhelo. 'Ōlelo maila 'o 'Anakē Luika, "E hā'awi ana kākou i kēia 'ōhelo he makana na Pele. 'O kāna mea makemake kēia, 'o ka hua 'ōhelo." No laila, ua hele mākou a i Halema'uma'u a ua kiloi mākou i nā 'ōhelo i loko o ka lua ahi.

A i kekahi wā i 'ā hou ai ka pele, ua 'ōlelo mai ko'u makuahine ia'u, "I ka lā 'apōpō, e hele kākou i ka lua pele e holoholo." A i ke ala 'ana a'e i ke kakahiaka, 'ōlelo aku nei au i ku'u makuahine, "Ua loa'a ia'u ka ma'i wahine." A 'ōlelo mai ko'u makuahine ia'u, "Ā, 'a'ole hiki iā kākou ke hele i ka lua pele. Aia a pau kou ma'i wahine." Nīnau aku nei au, "No ke aha ho'i? A 'ōlelo mai nei ko'u makuahine ia'u, "Haumia 'oe! No laila, 'a'ole kēia 'o ka manawa e hele ai a kokoke i ka lua pele." No laila, ua ho'opane'e 'ia ko mākou ala hele. A pau ko'u ma'i wahine, e hele ana mākou i ka holoholo i ka lua pele. 'O wau, 'o ka'u po'e keiki 'ehā, me ko'u makuahine, me ko'u kaikunāne, hele aku nei mākou a hiki i 'Ōla'a. I kēia manawa ho'i ke kapa 'ia nei 'o Kea'au kēlā. A 'ōlelo mai nei 'o Māmā, "E kū aku ke ka'a ma ka hale kū'ai." A hele aku mākou i ka hale kū'ai, kū ke ka'a, a komo aku nei 'o Māmā i loko o ka hale kū'ai. Uhai aku nei au iā ia a 'ike aku nei au iā iā. E kū'ai ana 'ō ia i 'ōmole kini, he 'ōmole nui a he 'ano kini maika'i. 'Ōlelo aku 'o Māmā i ka mea o kēlā hale kū'ai, "E 'ōwili mai i kēlā 'ōmole no ka makana." A 'ōwili 'ia maila me ka pepa makana. A ua lawe mai 'o Māmā i mau lau lā'ī. I loko o ke ka'a nō kahi i waiho 'ia ai. A kau aku nei māua i luna o ke ka'a. 'Ōwili mai nei 'o Māmā i kēlā mau lā'ī ma waho o kēlā pu'olo i loa'a maila iā ia mai loko mai o ka hale kū'ai. A hele aku nei mākou i ka lua pele.

A hō'ea mākou i Halema'uma'u a hele akula 'o Māmā a i ke ka'e o ka lua a kūlou kono po'o no he wā pōkole. A pau, 'ā, kiloi 'o ia i ka pū'olo makana, 'o ia ho'i kēlā 'ōmole kini, i loko o ka lua. He mau minuke ma hope mai, puhi 'ia maila e ka makani he mau 'āpana pepa mai loko mai o ka lua. A ua like kēlā pepa me ka pepa i 'ōwili 'ia ai ka makana, ka 'ōmole kini. A ua 'ike au. A 'ōlelo a'ela 'o Māmā, "Ā, ua 'apo maila 'o ia i ka makana." 'Ae, ua 'ike maka au i kēia.

A e pili ana ho'i i ka 'ōhelo, 'a'ole nō au i 'ai i ka 'ōhelo a hiki i ka piha 'ana ia'u he kanaono makahiki a 'oi. Ua hā'ule ko'u makuahine, a ua ho'omaha loa au, a e noho ana au ma Kapa'ahu. Ho'okahi lā, komo mai nei i ku'u home he mau hoaaloha haole, a 'ōlelo mai ia'u, "E lawe mai i pola i hā'awi aku māua iā 'oe i hua 'ōhelo. I ka lua pele aku nei māua i ka 'ohi 'ōhelo. Nui 'ino ka 'ōhelo a e hana pai ana māua, hana kele. No laila, e hā'awi aku ana māua iā 'oe i kekahi 'ōhelo nāu." A i kēlā manawa, ua hā'upu

He Moʻolelo no Kapaʻahu

au i ka mea i ʻōlelo ʻia mai iaʻu i koʻu wā ʻōpio, ʻo ia hoʻi, ʻaʻole e ʻai i ka hua ʻōhelo. No laila, ua hōʻole aku wau i kuʻu mau hoaaloha. ʻAʻole naʻe au i haʻi i koʻu manaʻo. Ma hope mai, ua noʻonoʻo nui au. Inā hiki i koʻu mau hoaaloha ke ʻai i ka ʻōhelo, ʻaʻole he pilikia, no laila, pehea hoʻi e hiki ʻole ai iaʻu ke ʻai, ʻoiai ua hala koʻu makuahine, ka mea i ʻōlelo mai iaʻu, he kapu ka ʻōhelo? No laila, ua kaukau wau i koʻu makuahine, ua hala ʻo ia, ua hala nā kapu. A ma hope mai, ua hele au e ʻohi ʻōhelo. Hoʻi mai ana au a ka hale, kupa au, hana au i kele. A ua ʻai au, me ke ʻano kānalua nō i loko o koʻu noʻonoʻo, a ua pule au i ka Makua Lani, a ua hoʻomau koʻu ʻai ʻana i ka ʻōhelo. A i kēia manawa hoʻi, ua pau kēlā ʻano noʻonoʻo kānalua, ʻoiai i kēia manawa, ke hana ʻia nei ka ʻōhelo i pai, i kele. I loko o nā hōkele, ke kūʻai ʻia nei. ʻAe, he au hou kēia. Ua hala nā mea kahiko. ʻO ka palena kēia o kēia moʻolelo.

Moʻolelo 10. Hoʻomanaʻo ʻAna Iā Wahaʻula

He moʻolelo kēia no ka heiau ʻo Wahaʻula. Ua hānau ʻia au a ua noho paʻa au ma lalo o ke aka o Wahaʻula; no ka mea, ua kokoke ka home o koʻu ʻohana i kēia heiau kahiko. Aia kēlā heiau i kēlā wahi i kapa ʻia ʻo Kaʻuka. Ua kūʻai koʻu makua kāne i kēlā ʻāina a ua mālama mākou i kēlā wahi. No laila, he kamaʻāina au a he kupa no kēlā wahi. ʻO ia nā lā aʻu i mahalo nui ai.

ʻO kēlā mau wahi aʻu i haʻi ai ma kaʻu mau moʻolelo mua, ʻaʻohe i kēia wā, koe nō ʻo Wahaʻula Heiau. ʻO Kapaʻahu a me nā wahi ʻē aʻe, ua uhi ʻia e Pele i kēia hū ʻana mai, mai Puʻuʻōʻō mai. ʻO ia ka wā i uhi ʻia ai koʻu hale, i loko o Nowemapa, makahiki ʻumi kūmāiwa kanawalu kūmāono, ka lā ma mua o "Thanksgiving." Hoʻomanaʻo aʻela au i nā mea a kuʻu makuahine i ʻōlelo mai ai iaʻu, "Inā e hele mai ʻo Pele e uhi i ka ʻāina, hāʻawi iā ia i ka ʻāina, no ka mea, nāna nō i hana i kēia ʻāina. E mau loa ana ʻo ia ma ʻaneʻi nei. ʻO ʻoe a me aʻu, noho manawa wale nō kāua ma ʻaneʻi nei." A laila, nīnau aku au iā ia, "Pehea ka hale?" Pane mai ʻo ia, "Hāʻawi iā ia." ʻO ia hoʻi, hāʻawi iā Pele.

No laila, ua hiki mai ka manawa, ua hū ka pele, a ua lawe ʻo Pele i nā mea a pau. Akā, pehea ka luku, ka lauahi o Pele? Ua ʻike au i kekahi manawa i kona nani, ke kupaianaha a me ka ʻeʻehia i kona mana. Mai Puʻuʻōʻō mai kēia kahe ʻana o ka pele a ʻau i ke kai. Ua manaʻo mākou e uhi ʻia ana ʻo Wahaʻula Heiau, no ka mea, uhi ʻia nā mea a pau. Mau ke kahe ʻana o ka pele a pili a kaʻapuni ʻia ka pā pōkahu o ka heiau. Aia naʻe, ʻo loko o ka pā heiau, ʻaʻole i hoʻopā ʻia. Mau ke kahe ʻana o kēlā pele a hōʻea i ke kai. I koʻu lohe ʻana, ʻaʻole i uhi ʻia ʻo Wahaʻula Heiau, kohu mea ua kāpae mai ʻo ia i koʻu ʻiʻini, ua nīnau au i oʻu iho, "Pehea lā kēia, no ke aha lā? ʻAno kupaianaha."

He Moʻolelo no Kapaʻahu

Ma muli o koʻu ʻimi ʻana i ke kumu manaʻo e pili ana i kēia heiau, ua heluhelu au. Mai kinohi mai, ua hele mai ʻo Aliʻi Nui Pili a me Kahuna Nui Paʻao i Hawaiʻi nei, mai ka Pākīpika Hema mai, i loko o ka makahiki ʻumi kūmāhā kanahā kūmākahi, A. D., a ua lawe lāua i nā hana o kēia aupuni. Ua ʻike lāua e pono e kūkulu ʻia ʻekolu heiau no ko lākou akua mana, ʻo ia hoʻi ʻo Kū, i hoʻolauna ai lāua i ʻaneʻi nei. ʻO ke ʻano mōhai a ko lāua akua, ʻo ia hoʻi, ka mōhai kanaka. Kūkulu ʻia ʻekolu heiau luakini, ʻo ia nō ʻo Wahaʻula, aia i Puna, ʻo Moʻokini, aia i Kohala, a me Hikiau, aia i Kealakekua, Kona. Ua haʻi ʻia mai ka moʻolelo, ma kahi o ka ʻelima haneli ka nui o ka mōhai kanaka i hāʻawi mōhai ʻia i Wahaʻula Heiau. ʻO ka mōhai hope loa, ma kahi ia o ka makahiki ʻumikūmāwalu ʻumikūmāiwa.

Kiʻi 13. ʻO Wahaʻula, he Heiau Luakini, ma mua o ka Uhi ʻIa ʻAna e ka Pele

Emma Kauhi

Ua hoʻomanaʻo mau ʻia ana au e kuʻu makuahine a me nā kūpuna i ka mana o kēlā wahi, aia nō a hiki i kēia wā. Ua maopopo ʻia e lākou. Hoʻokahi lā, ua hele au ma kēlā heiau no ka holoholo a ua lohe au i ka ʻō o nā kūpuna. ʻO koʻu makuahine, ua hānau ʻia ʻo ia a ua noho paʻa ʻo ia i Kapaʻahu. Haʻi mai ʻo ia iaʻu, ʻo Wahaʻula, he puʻuhonua nō. Inā ua hana hewa ke kanaka a e alualu ʻia ana ʻo ia no ka hoʻopaʻi, inā ʻo ia e holo a hoʻopā i ka pā pōhaku e kaʻapuni ana i ka heiau ma ka ʻaoʻao ma Kaʻū, ua pākele ʻo ia mai ka hoʻopaʻi ʻia ʻana.

Ma hope o ka pau ʻana o ke kahe ʻana ʻo Pele ma Kapaʻahu, ua ʻae mai ka "National Park Service" i ka poʻe e hele e mākaʻikaʻi iā Wahaʻula. Ua nui koʻu ʻiʻini e ʻike hou iā Wahaʻula no hoʻokahi manawa i koe. I loko o ʻAukake, lā iwakālua kūmūlima, makahiki ʻumi kūmāiwa kanaiwa kūmākahi, ua hele au me ka hana nui, ma luna o ke ʻaʻā me ka pāhoehoe a hiki i kuʻu ʻike ʻana iā Wahaʻula. Hauʻoli au i kuʻu ʻike hou ʻana, me ke kaumaha a me ka ʻāpono. No laila, ua kau koʻu manaʻo e kākau i ka moʻolelo a me ka hoʻomanaʻo ʻana iā Wahaʻula.

Aloha Wahaʻula

Mai ka wā kahiko mai
Ua lawe ʻia mai ʻoe
Me kou mana
I Kaʻuka nei
Mai ka mokuʻāina Pākīpika.

Ua pau kāu hana. Ua hoʻopuni ihola ʻo Pele iā ʻoe
Me kona kapa ʻula, me ke ʻaʻā.

He Moʻolelo no Kapaʻahu

Ke hoʻohiamoe nei ʻo ia iā ʻoe
Me kou Mana.

Aloha Wahaʻula.

[Ma hope mai o ka paʻa o kēia moʻolelo, ua uhi pau loa ʻia ʻo Wahaʻula e ka pele, ma ka makahiki ʻumi kūmāiwa kanaiwa kūmāhiku.]

Kiʻi 14. ʻO Wahaʻula, he Heiau Luakini, ma hope o ke Kaʻapuni ʻIa ʻAna e ka Pele

Emma Kauhi

STORY OF KAPAʻAHU

(English translation)

By Emma Kapūnohuʻulakalani Kauhi

Translated by Charles M. Langlas

Table of Contents (English Translation)

Dedication 92
Acknowledgement 92
Preface 92
Forward to the First Revised Edition 93

Stories

Story 1. Remembrance of Kapaʻahu 96
Story 2. My Life in Kapaʻahu 100
Story 3. Traveling Along the Beach 123
Story 4. The Work of the People 131
Story 5. Children's Games and Chores 148
Story 6. Dinner Parties 152
Story 7. The Portents 158
Story 8. Medicine and Healing 164
Story 9. Story of Pele and the ʻŌhelo 170
Story 10. Wahaʻula Memories 173

He Moʻolelo no Kapaʻahu

Photos

Photo 1. Punaluʻu, a Spring-fed Pond 7
Photo 2. William J. Stone, Father of Emma Kauhi 100
Photo 3. Martha Hālaulani Konanui, Mother of Emma Kauhi 101
Photo 4. House of Kaipo and Luika Kaʻawaloa, 1930s 110
Photo 5. House of Kaipo and Luika Kaʻawaloa, c. 1935 110
Photo 6. Sam ʻOulu Konanui, Uncle of Emma Kauhi, 1965 113
Photo 7. Emma Kauhi, Age 16 119
Photo 8. Preparing Pig for the Imu at Kalapana 144
Photo 9. Emma Kauhi in her Youth 150
Photo 10. The Luakini Heiau of Wahaʻula, Before the Lava Flow 174
Photo 11. The Luakini Heiau of Wahaʻula, Surrounded by the Lava Flow 176

Figures

Figure 1. Floorplan of the House of Kūkū Mā 106
Figure 2. Floorplan of the House of Auntie Luika and Uncle Kaipo Kaʻawaloa 109

Dedication

I dedicate this book of remembrance to my foster-parent, my grandmother Kahiʻikauila Punahoa Konanui. It is due to her that I have my knowledge of the Hawaiian language. She was born in Kaʻū on March 3, 1860 and she passed away in Kapaʻahu, Puna on October 8, 1928. Unending is my love for you.

Acknowledgement

I want to express my gratitude to Professor Charles Langlas of the University of Hawaiʻi at Hilo for encouraging me to write down my stories as a book. It is due to his help and his support that I was able to carry out this work.

Preface

What I have struggled to do in this book—my desire—is to make clear to all of you what our life was like in the days of my youth and the way we spoke, we the people of Puna. As I was writing this book, my thoughts turned back to the days that have passed. Love swelled within me, tears welled up in my eyes for the family, and for the land as well. Because the land is our livelihood—us, the common folk of the land.

Emma Kapūnohuʻulaokalanai Kauhi

He Moʻolelo no Kapaʻahu

Forward to the First Revised Edition

Mrs. Kauhi first told these stories in her class as native Hawaiian languge speaker at the University of Hawaiʻi at Hilo in 1989-90. Because her stories fascinated me, I asked her to let me tape-record and transcribe them. The first nine English language stories are my translations of the recorded Hawaiian stories. I have translated them in a "narrow" way in order to retain some flavor of the Hawaiian. The last story was written in English by Mrs. Kauhi herself. This revised edition of Mrs. Kauhi's stories has been published through a grant from the Hawaiʻi Council for the Humanities.

Mrs. Kauhi was born and raised in Kapaʻahu village in the Puna district of the Island of Hawaiʻi. The stories cover her early life there from 1916 to 1935. Subsequently she moved to Hilo, to Honolulu, and eventually to San Francisco. She returned to Kapaʻahu to live in 1974 after she retired. Twelve years later in 1986, her home at Kapaʻahu was covered by a lava flow from Kīlauea Volcano.

Kapaʻahu village was part of the larger "Kalapana community" from the nineteenth century on, together with Kalapana and Kaimū villages. Each village was a group of related families who shared mostly with each other, but all three villages were tied together by a set of central institutions located in Kalapana. The children went to grade school together at Kalapana school; the families attended either the Catholic or the Congregational church in Kalapana; and they made small purchases at the Chinese store in Kalapana run by Ah Oe.

The Kalapana community of Mrs. Kauhi's childhood was an island of Hawaiian culture that survived within the encroaching flow of Western economic development. Most rural Hawaiian communities had been displaced by plantation or ranch camps. A few communities in marginal areas like Kalapana survived as places where Hawaiians still owned their land. There Hawaiians continued to live by traditional methods of fishing and farming and to use Hawaiian as their everyday language. Although Christianity had become the public religion for these Hawaiians, it overlay surviving traditional beliefs and private rituals oriented to Pele (goddess of volcanoes) and the 'aumākua (aancestral spirits). Hawaiians living in economically developed areas retained less of their language and culture.

    The rural Hawaiian culture of the early twentieth century still survives in the memories of Hawaiian elders, but it has been neglected both by anthropologists and by historians. Historians have been more interested in the development of the plantation economy and the prospering immigrant groups that came out of it. Anthropologists before 1950 were more interested in recording traditional Hawaiian lore than in describing living Hawiian communities. The implication was that Hawaiian culture was fading as Hawaiians assimilated to American culture.

    Today, the Hawaiian culture of the early twentieth century seems more significant than it once did, both to Hawaiians and to anthropologists and historians. A new generation of anthropologists has found that Hawaiians resisted assimilation: traditional patterns persist in subtle ways in modern Hawaiian communities. The early twentieth century

He Moʻolelo no Kapaʻahu

now seems important to anthropologists as a period when Hawaiian cultural values were maintained and transmitted to the present generation of Hawaiians. It is even more important to Hawaiians themselves, who are now reclaiming their cultural identity and deliberately reasserting cultural patterns from the past.

    Mrs. Kauhi gives us a set of stories that speak in a native voice about the Hawaiian past, and that can help to give that past a role in the present.

Charles Langlas, Translator and Editor

Emma Kauhi

Story 1. Remembrance of Kapa‘ahu

Aloha! These are some stories that I am going to tell you about my homeland of Kapa‘ahu. That is in the district of Puna, Hawai‘i. My name is Emma Kapūnoho‘ulaokalani Kauhi. This is the month of April and the year1990. The place—this is the University of Hawai‘i at Hilo. It was in Kapa‘ahu that I was born and lived until I was married. So I saw and heard many things pertaining to the lifestyle of our land. Kapa‘ahu was homestead land. This place is west of Kalapana; we call that "the Ka‘ū side" of Kalapana. And on the other side, it's east of Waha‘ula Heiau, and we call that "the Hilo side" of Waha‘ula. They say that earlier there were a great number of Hawaiians living there. In my childhood when I lived there, the number of people was much reduced. The families that were large then include the Waipā family, the Ka‘awaloa family, and us the Konanui family, and the Ah Hee family, the Akuna family. In my childhood, the government road came right up in front of the house of my Grandma Kaha‘ikauila, my grandmother and foster-parent.

There were some well-known places in Kapa‘ahu, for example the heiau of Waha‘ula. That is in Ka‘uka. My father W. J. Stone bought that place. From the time of my childhood, we went there with my mother and my brother. We were taught that it was a sacred place, a tabu place. And we observed the tabus up to today. If you talk to the people who know our area, they say that the mana (sacred power) remains there until today.

He Moʻolelo no Kapaʻahu

Another well-known place is the church, the church called Father Damien's church. Lots of tourists would come to see that church, built perhaps in 1869 or around that time. And

Photo 1. Punaluʻu, a Spring-fed Pond

that church—if you looked at it, it seemed like concrete, but coral is what it was made of. And the walls of that church stood until they were covered by lava in the year 1988

There was another well-known place at Kapaʻahu, the swimming pool of Punaluʻu, now called Queen's Bath by people. I heard it was a spring. Where does this water well up from? If you would dive down inside that pool and come to the bottom it was real water, and if you would come up it was brackish. The story of that place is that a wahine moʻo (female water spirit) was its guardian. Lots of outsiders would come to see that pool and swim in it. In the year 1988 it was covered by the lava. From Puʻu ʻŌʻō the lava flow came and covered that pool. At that pool I knew bathing, with my children and my grandchildren and my greatgrandchildren and greatgreatgrandchildren. And we really loved that place.

And the place we would go to pray in my childhood, we went to Kalapana. At that time there was a Mormon church there, a Protestant church—still standing—and a Catholic church, the Star-of-the-Sea church. That is a famous church. We would go about two miles or more by foot! And the road was just rock! At that time we had no shoes, just went barefoot. And the place we went to school was the Kalapana School.

As far as the lifestyle in Kapaʻahu, it was good. The seashore had plenty of food, the foods of the sea and sea-salt. And for farming, the family went to the mountain to farm, because it's wetter in the mountain. That's where the crops grow. And for fishing, the parents and the children worked together.

He Moʻolelo no Kapaʻahu

You couldn't be lazy! If it was work time, you were going to work! If it was time for play, you'd be told that it's playtime and then you would play. If you didn't do your work, you were going to be punished.

We had people who went to hunt animals in the mountains. That was the work of the men. There were lau hala trees, lots of lau hala trees there. That was the work of the women. And the children, they'd go help get lau hala, clean the lau hala. So the land had everything. I always heard that if you are lazy, your stomach will be hungry; if you work, you'll never be lacking. Yes, that's right! I've seen it! As for that time, there was a lot of cooperation among the people. Helping back and forth, giving back and forth. And if there was trouble within the family, there was a time to meet and hoʻoponopono (set things right), apologizing back and forth to make peace. Our parents' generation took care of the land. Great was their knowledge of things concerning the land, the signs—the weather, the wind, the earthquake, everything about the land. They knew many tabu things and they lived with those tabus. And they have passed on with those ancient ways, the tabus, leaving us behind, the children of the land.

Emma Kauhi

Story 2. My Life in Kapa'ahu

Part I. The Days When I was Living with My Grandparents

The Story of My Naming

This is the year 1991. I am sitting in my rocking chair as I recall my 'āina aloha (beloved land) of Kapa'ahu. It is in Puna, Hawai'i, the land known as "paia'ala i ka hala" (fragrant with pandanus). That is where I was born, in 1916 during World War I. At that time Queen Lili'uokalani was still alive.

Photo 2. William J. Stone, Father of Emma Kauhi

He Moʻolelo no Kapaʻahu

My father W. J. Stone was a haole. He was from Ypsalanti, Michigan. He came to Hawaiʻi at age 22. My mother Martha Halaulani was a pure Hawaiian. Her family name was Konanui. She was born in Kapaʻahu in 1897. That was the time that President McKinley approved the annexation of the Hawaiian Islands to the U.S. There were nine children in her family and she was the youngest. She lived in Kapaʻahu all her life.

Photo 3. *Martha Hālaulani Konanui, Mother of Emma Kauhi*

Emma Kauhi

Close to the time I was born, mom went to the house of her older sister Luika, so that Luika could help her. Her house was nearby. Luika had three children of her own. Mom told me she labored long, because I was her first child. That night she had a dream—a man approached her and told her, "Name the child Kapūnohuʻulaokalani (The red rising mist of the heavens)." And then she woke up. In the early morning, her sister-in-law Emma Heʻeia, who lived nearby, came to see how she was doing. The moment she set foot in the door, I was born. Therefore, everyone present there knew that I would be named Emma. Shortly after, my mother's father Konanui came to see if she had given birth, and he saw that she had. And my mother told her dream. And her father told mom he had had a dream that night—that a man approached him carrying a bouquet of royal poinciana flowers in his arms and told him, "Name the child Kaʻōnohiʻulaokalani" (The heavenly cloud with red hues of rainbow). He said further to Mama that because that man in the dream was carrying a bouquet of ʻōhaiʻula, that's another name for the child, Kaʻōhaiʻulaokalani (The royal poinciana, the bright red canopy of flowers of heaven).

From my infancy, I was called all by three names, according to our Hawaiian tradition. These three Hawaiian names are referred to as night names. This is how night names are shown in dreams by the family ancestral spirit (ʻaoʻao). Those names belong to me alone. I've heard that refusal of the name may result in sickness or death of the child. Acceptance of the name means that the family spirit will be his or her spiritual guardian.

He Moʻolelo no Kapaʻahu

In those days, it was seldom that you went to Hilo town. So it was about two months after I was born before Kūkū Pā (Grandfather) could go to Hilo to register my birth with the Board of Health. He was told there could be only one Hawaiian name on the birth certificate. Years later my mother saw the names that were put on my birth certificate. They were Emma, Martha (after my mother), Kaʻōnohiʻulaokalani (the name told to my grandfather in his dream). But I was called by my other names also. My mom called me Kapūnohu. Kūkū Mā (Grandmother) called me Kapūnohu or Kaʻōhai. In school I was called Emma. For myself, I feel blessed by having been given all these night names. I have been blessed through the protection and guidance of the family spirit and the Heavenly Father too. I know of no other person who was given three dream names.

I am a Christian, but my mom told me, "Our kūpuna are gone, but they are still out there watching over us."

Living with My Grandparents

I was hānai (adopted) by my grandparents. From the beginning of my remembering, I was living with them. My grandfather's name was David Marshall Konanui. He was called Konanui. I believe he acquired his English names when the missionaries were evangelizing in the Puna area. My grandmpother Kahaʻikauila Punahoa was born on March 3, 1860, in Puakalehua, Kaʻū, the place they now call Wood Valley. We grandchildren called our grandfather Kūkū Pā and our grandmother Kūkū Mā.

Emma Kauhi

As for my early childhood, I have many happy memories of living with my kūpuna (grandparents). If we were going some place, Kūkū Pā would carry me on his back. He was a farmer and a fisherman. In the evening when his day's work was done, he would go in back of the house. There was a big orange tree there—a poi board leaned against it, a stone poi pounder hung from it. And he would lay the board down, get a bowl of water and the dried up, shredded 'awa. He put the 'awa on the poi board, added some water to it and pounded it. When the pounding was done, he squeezed the liquid into a coconut shell dish and drank the 'awa. After a while you would hear him chanting. Kūkū-Mā prepared the supper. And then he came in and we ate.

Kūkū Mā, her way was kind and gentle. I remember when I was little, how when I got up in the morning, she would bring a basin of water and a towel to the lānai (porch), set it there, and then she would call me, "E Kapūnohu, hele 'oe a holoi i kou pua" (Kapūnohu, come wash your private parts). She took me with her wherever she went. She sang all the time while she was doing her chores. It seems like I can still hear her voice. I won't forget it. I was told by some people that whenever there was a party and Kūkū Mā was there, she was always asked to sing. Her lovely voice was well known. They always wanted to hear her sing the song, "Kaulana Ku'u Home Puni Waipi'o":

Famous is my home, beloved Waipi'o,
And the beautiful fringes of the land,
A castle, a royal residence.
Yet I am likened to Herod,
King with evil pride.

He Moʻolelo no Kapaʻahu

My garments are rays of the sun,
Sparkling on all the land,
But far, far away,
Never to be
With great persons of the world.

Oh my relatives and my friends,
Natives of my land,
And the waterfall of Hiʻilawe,
Gushing down from above,
Gushing always on the cliff.

Not thus the truth,
Only wicked lies of friends,
And just the same
Of the crowds
On the sands of my birth.

May he and I and my relatives
And my children live in this land
Drenched with sea spray,
Where fish are caught by the hand.
Drowsy lies Waipiʻo in the mist.

Tell the refrain:
Of the half-Spanish flower lei,
A native of the land
That visits within,
Haleʻiwa beautiful home.
Haleʻiwa my beautiful home.

I was still very young when Kūkū Pā passsed away. He was buried in back of his house. After that the area became a family burial plot. There are plenty of graves there. From that time on, Kūkū Mā and I lived alone in our house. Our house had two floors. There was no furniture, there was only a food safe. Upstairs there were three rooms—two rooms for sleeping and a somewhat larger room for living or sleeping. These rooms were all covered with lau hala mats from one wall to the other. Downstairs there were two sections. The "inside" section had one side for dining—that is where the food safe was. The other side was for weaving or sleeping. All this section was covered with mats. The "outside" section—on the Hilo side was the woodstove and the wood; on the Ka'ū side was the work area for peeling taro, pounding taro, cleaning sea food, and cleaning lau hala. The sides were all closed in except in the front.

Sometimes we slept upstairs, sometimes downstairs. The family often came to visit at our house. When it was time to sleep, the sleeping mat was spread out. After waking in the morning, the sleeping mat was rolled up and put away. Same thing when it was time to eat, the lau hala dining mat was spread out as a place to eat. On top of the mat you put the bowls and plates and food. When the meal was finished, the mat was wiped and hung up on the porch rail or rolled up and put away.

It was routine that we bathe every day, since we went to the beach very frequently, or we went to Waiaka pond or Punalu'u pond to wash our clothes and bathe. There was a pond close to our house, and that's where we went sometimes. But the place we really liked to go to bathe was Punalu'u. That is where we all gathered to swim with the other folks of Kapa'ahu. Punalu'u is where I first learned how to swim.

He Moʻolelo no Kapaʻahu

We had so many good times swimming at Punaluʻu.

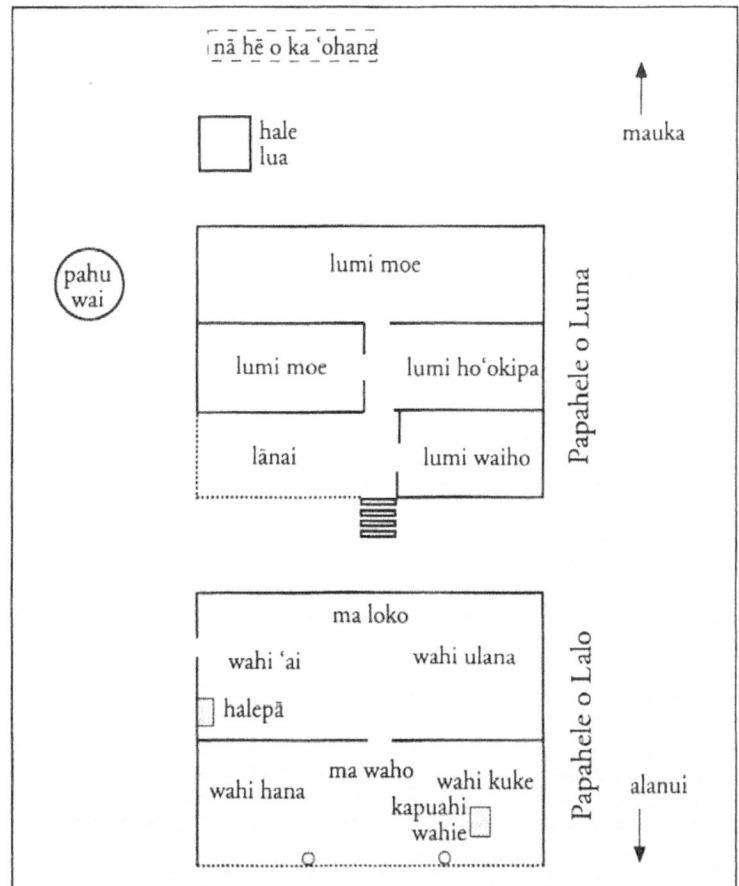

Figure 1. Floorplan of the House of Kūkū Mā

Iʻm remembering now when I was about ten years old, Kūkū Mā had a muʻumuʻu. It was a purple print. I liked that dress very much. So I asked Kūkū Mā for it and she gave it to me. Beforehand she cut it short so I could wear it. I put the dress on and it was very loose, rather long and dragging. But because I liked it, I wore it often. One day when we kids were playing in the road a car came by, haole tourists. And they asked us kids to take them to see Wahaʻula Heiau. And we did. A lady asked me, "What's that dress you're wearing?" I told her, "This Kūkū Mā's muʻumuʻu. She looked at me a long time. I think perhaps because of the lightness of my skin, the redness of my hair, perhaps because of my difference from the other children. Those days we had no mirror. We would look in the clear water and see our reflection. We had no watch either. We looked at the shadow of a tree or at our own shadow to get an idea of the time of day. At early morning you heard the rooster crow, and dawn came and you knew it was time to get up.

Those days, Hawaiian was the only language to be heard.

Part II. The Family

Relatives

Auntie Luika, mom's older sister (kaikuaʻana) and her husband Uncle Kaipo Kaʻawaloa had twelve children, all boys, and six of them lived. Their house was near Kūkū Mā's house. I spent lots of time having fun at their house. I slept there with my cousins—we slept all together on the lau hala mat. Their house was one story. It had one sleeping room, one living room and one long dining room in the back. In front was a lānai. The cookhouse was separate from the main house. One side of the cookhouse was enclosed. That's where Auntie Luika did her lau hala weaving. That's also where the poi

He Moʻolelo no Kapaʻahu

boards were kept, put up against the wall. As for the poi pounders, they were hung up with a cord. We kids were told—and we were told only once—not to step over the poi pounder. It was something to be treated with respect. The outside area was an open lānai. At one end was the woodstove. The rest of the area was for peeling and pounding poi, preparing seafood, and so on. It was Uncle Kaipo's work area where he patched the nets, made skin rope, and repaired the saddles.

Auntie Luika's usual activity was to weave hats. She must have had a dozen hat blocks or more, some for adults and some for children. She wove many hats for me, one for the beach, one with a wide brim for working in the taro patch, one to go to school, and one to go to church. Today I still wear

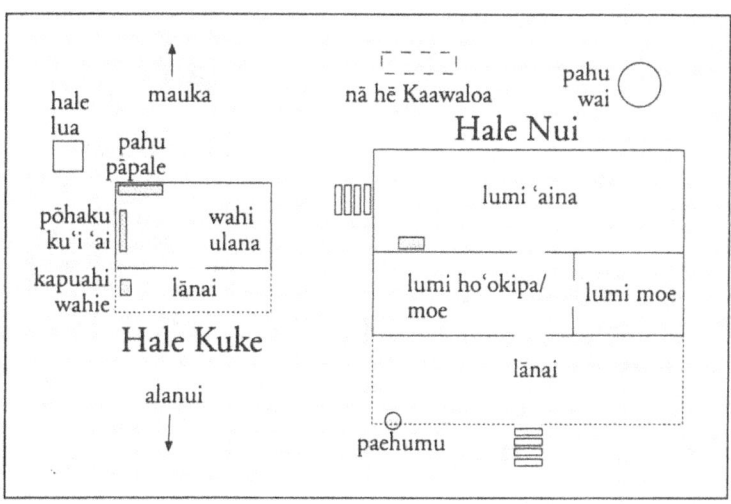

Figure 2. Floorplan of the House of Auntie Luika and Uncle Kaipo Kaʻawaloa

Photo 4. House of Kaipo and Luika Kaʻawaloa, 1930s

Photo 5. House of Kaipo and Luika Kaʻawaloa, with cousins of Emma Kauhi standing on the lānai, c. 1935

He Moʻolelo no Kapaʻahu

hats. I remember Auntie Luika. In the evening after supper she would play slack-key guitar and sing. Her voice was so sweet. We loved to hear her. She was a lively woman.

Uncle Kaipo was a hunter, a farmer, a fisherman. He was knowledgeable about predicting the weather. Sometimes I would see him in the morning, standing in the front yard studying the sky, the way the wind was blowing, the sound of the ocean. That's how he knew what to do that day. He had planted some coffee trees in the back of his yard and he had a little coffee grinder. He ground his coffee by hand. He raised cows for milk.

Uncle Mokuhāliʻi, my mother's brother, and his wife Kuliana from the Kahilihiwa family, they had five girls. They lived next door to Auntie Luika, on the opposite side from us. I often went to their house to play. Sometimes I stayed there to sleep. We children sang together a lot with an ʻukulele and we harmonized. Uncle Mokuhāliʻi played slack-key and sang. He had a good falsetto voice. He often sang, "Ka Ua Loku" (The Pouring Rain):

> *Famous is the rain of Hanalei,*
> *Creeping on the cliffs,*
> *Clinging to the lauaʻe fern*
> *Like a fair sweetheart in the arms.*
> *The sighing of the sea*
> *Seemed to be saying,*
> *Come back and be together (in)*
> *The famous downpouring rain of Hanalei.*

Emma Kauhi

They had a big house, two stories. Uncle and Aunt were both farmers. And if the ocean was good, they pounded ʻopihi to sell. Ten dollars for a big burlap bag. ʻOpihi was plentiful then. They had bought a Packard car from Von-Hamm Young Co. in Hilo. When Uncle went to Hilo to sell his ʻopihi, he wore his pongee shirt and his hat that looked just like a Panama hat. But no, that hat was made from green lau hala. The lau hala was boiled and dried to bleach it and woven into a hat. Auntie Kuliana was a lau hala mat weaver. She was known for her excellent weaving. People from far away came to order her mats.

Uncle ʻOulu was another of mom's brothers. His full name is Sam ʻOulu Konanui. He and his family had their home nearby, close to Kūkū-Mā's house. His wife was Kanoe Kamoku. They had nine children. Auntie Kanoe made the best palaoa ʻūlika, palaoa palai (pancakes) and palaoa mokumoku (dumplings). Their house was one story—one large room. On the Hilo side was the sleeping area and on the Kaʻū side was the dining area. In front there was a long lānai and on one end of the lānai was a small room with the food safe there. There was no furniture. Sleeping was on mats and dining was on a rolled-out mat. The cookhouse was separate.

Uncle ʻOulu was a good storyteller. Many are the stories he told to people. Some of the stories he told were printed in a book held at the National Park. Some are on tape at the University of Hawaiʻi at Hilo library. He was born in 1886. That was during the reign of King David Laʻamea Kalākaua. Later in his life the overthrow of our Queen Liliʻuolkalani took place. He was a good hunter. He would mount his horse, go to the mountain to hunt for wild pig. He would take one cutting knife and his skin rope. Most of the time he came home with a catch.

Photo 6. Sam 'Oulu Konanui, Uncle of Emma Kauhi, 1965

Emma Kauhi

Going to Poupou

Our family had an ahupua'a, from the mountain to the sea. It was called Poupou Uka and Poupou Kai. This land came down from our ancestor, named Wa'aiki. He died in the year 1874. He had three sons; one was called Lono. Lono had six children; one was called Kalakualā'au. From that branch came my grandmother Kaha'ikauila, my foster-mother.

At Poupou Kai there were so many good things. It was shown to me there that there was formerly an old canoe landing. That beach area was plentiful with seafood. You did not have to go very far to get what you wanted.

There was a grove of lau hala trees where our family came to gather lau hala. Some trees produced the dark lau hala, some the light lau hala, and some the regular color. These different colors of lau hala were used for hat weaving in mixed designs. That kind of hat was worn for special occasions.

There at Poupou Kai the family planted sweet potato in the dirt-filled depressions. We would all go—adults, children. Auntie Luika would work at her place and so would Uncle Mokuhāli'i and his family at theirs. If there was something the children could do, we were used to help. When our work was done, we could play. We brought poi and salt for lunch. And close to lunchtime we went to the beach to pick 'opihi, limu, and hā'uke'uke and those things, and that was our lunch. And whatever fruits were in season. There was a spring-fed pool nearby and that was what we drank from.

The hala kahiki (pineapple) grew wild in the rock crevices, among the low-growing guava bushes. Kūkū Mā

He Moʻolelo no Kapaʻahu

made lei from the pineapple skin. Later the mongoose came and they ate the pineapple shoots and eradicated the plant. There were mango trees growing there too and mountain apples.

Poupou Uka was the place for planting taro, banana, sugarcane, yam. I was told that earlier there were people living in that place. There was a man-made well there—I saw it— made from [baked] coral. It was big. But when I saw it, there was no water inside; it was cracked. There were lots of mountain apple trees growing there. The fruit was sweet.

Going to the Cave

The best time for lau hala weaving was during morning or late evening or at night with a lantern, because that is when it was damp. If you weave when it's hot, the lau hala gets stiff. The weaving might be crooked or loose, with spaces in between the lau hala strips. So when Auntie Kuliana had a big order of mats to fulfill, she and Auntie Luika would go to the cave to do their weaving. Because it was always damp in there, so they were able to weave day and night.

That cave was big. It was on the face of a cliff, located across the road from Uncle Mokuhāliʻi's house. If Auntie folks went to the cave to weave, we children were really happy. We went with them. We took the lau hala, food, bedding, and we all slept there inside the cave. We stayed until their weaving was finished, sometimes for several days, sometimes for a week or more. One end of the cave had a woodstove for cooking. The central area was for eating and sleeping. And the far side was just for weaving. We children were forbidden to go there. We girls would follow our boy cousins, climbing trees, climbing up the face of the cliff. Waiaka Pond was nearby. There we washed our clothing and hung it on low guava bushes to dry while we swam. We made boats from the nanaku (bulrush). Waiaka was a pond where migratory birds came. We saw different kinds of birds. Nearby the cave was a pool where we got our water for drinking and cooking. When Auntie folks finished their weaving, we packed everything up and went home until the next time.

Visiting the Relatives

Uncle Kalai, the oldest son of Kūkū Mā and Kūkū Pā, lived with his wife Auntie Maleka in Waiākea, Hilo. At that time, Uncle Kalai was working at building the Hilo Bay breakwater. You see all those huge boulders there today? They were brought in from Kapoho by train, box cars. Those days the train went from Hilo to ʻOpihikao and on to Kaualeau to the place called Iwasaki Camp.

Kūkū Mā took me with her to Hilo—I was about seven or eight years old then—to visit Uncle Kālai and Auntie Maleka. We stayed for several days. There I saw for the first time an electric lightbulb hanging from the ceiling and a flush toilet—you pulled a long cord for the water to flush. It was my first time to see rice, and I ate it. There was furniture in the house, a table and chairs. Anchored in Hilo Bay was a huge ship, painted black on the lower part and white on the upper part. I learned that the ship came from Japan. I saw Japanese people, lots of them. I was fascinated by everything that I saw.

He Moʻolelo no Kapaʻahu

One day we were eating and I said to Kūkū Mā, "E Kūkū Mā, kakale kēia poi" (Grandma, this poi is runny). Uncle Kalai laughed and told Kūkū Mā, "That word 'kakale,' I never heard a child say that word before. That word is only heard from older people." The common word for that is "heheʻe ka poi." At that time, that was the only language I could speak, Hawaiian. Probably that's why I had heard that word.

I remember another time when Kūkū Mā and I went visiting at ʻOpihikao to see her son Uncle Kawika. We stayed for several days. Uncle Kawika was a joker. He had a good falsetto voice for singing. He owned a canoe for fishing. Uncle Kawika's family was small and so was his house, only one room. One side of the room was for sleeping, the other side for dining. The floor in the center was made of pebbles. In the evening I was told to go out in the yard to pick dry mamaki leaves to make tea for supper. Near to the house was a cave with a warm spring where we went for our bath.

Part III. Moving Back with My Parents

In October, 1928 Kūkū Mā passed away. She was buried alongside Kūkū Pā. So then I came home to live with my parents.

My father had several properties at Kapaʻahu. One was the land of Kaʻuka where the Wahaʻula Heiau is located. Another was called Paea, a ten-acre piece. On this land he built a one-story house and a long stable. This is where we lived, me, my mom, my brother, and my younger sister. My father lived in Hilo, because he worked there at the tax office. He only came home occasionally to see us.

This house that we lived in had two bedrooms, a livingroom and a dining area, a kitchen and a pantry room. In the back of the house was a shed for laundry and bathing. Next to it was a garage and a cement water tank. In the back of these buildings was a trough to feed the pigs. Way in front of the house was a crack in the ground. My father had built a windmill over the water-filled crack to pump water to the house. The house was well furnished with beds, chairs, tables, a kerosene stove. There was a big clock on the wall and a mirror hanging there. There were books and magazines. My favorite magazine was National Geographic. All these new things were good. The living was pleasant. But today my thoughts keep returning to the time before that, to the days when I was living with my grandparents. Those are the days I cherish. That is the reason I can tell you today about the things I saw and heard during that time.

Every Sunday, our mom took us to church. We walked two and a half miles, barefoot on a rocky road. The Catholic church was in Kalapana, the Star-of-the-Sea church by name. Father Evariste was the priest. During the mass he would pray in Latin and the congregation, who were all Hawaiians, would respond in Hawaiian. Kanoe Kalehuloa was the leader. They read from a Hawaiian prayer book and sang hymns in Hawaiian. We children sang English and Latin songs taught to us by Father Evariste.

I attended Kalapana School up to the sixth grade. Auntie Kanoe told me that when I first went to school I spoke only Hawaiian to the teacher, because I could not speak English. Although the teacher spoke English to me, the teacher understood Hawaiian. During school hours, I was punished for

He Moʻolelo no Kapaʻahu

speaking Hawaiian in the schoolyard during recess time. Before school was finished, the teacher reminded the class, "When you go home, don't speak Hawaiian, speak English only." But when I got home I just spoke Hawaiian with Kūkū Mā, because she never spoke any English.

After I had finished the sixth grade at Kalapana I really wanted to continue on in school. But my mom told me that I could read and write and that was enough. The day was coming that I would get married and have a family. But my desire to continue my education was so strong then that I would hold on to my books and cry.

Photo 7. Emma Kauhi, Age 16

My mother was a Christian, but she also believed that Pele was the goddess of volcanic fire. She told me, "This is Pele's land; she made it. We live on it only temporarily, but Pele will be here forever. So if she comes to claim her land, let her have it." Another thing Mom told me, "Our ancestors (kūpuna) are gone, but their spirits can see us and hear us, although we cannot see them."

I remember one moonlit night we children were sitting on the mānienie (bermuda) grass in front of the house, listening to Mom tell us a story. While I was listening to her, I turned and gazed at the moon, and there was a colorful rainbow that encircled the moon, without a cloud in the sky. After her story ended, I asked her, "Look at the beautiful rainbow. What does it mean?" She gazed at the moon, paused, gazed again, and then she said, "There's going to be a bad storm." I remember that a few weeks later it stormed. It rained hard, the wind blew hard, the thunder and lightning came. We couldn't go out to play for days. Nobody went to the beach to gather food. As I reminisce I think, "How could she have predicted that storm?" I often wonder.

I was about fourteen years old when my father retired and came home to Kapaʻahu to live with us. That was the first time I got to know my father. He was a soft-spoken man. For my birthday he bought me my first bathing suit, my first pair of shoes, and my first ʻukulele. He taught me good table manners. He started a ranch and became a cattle rancher. He raised cattle for sale and for eating, and different kinds of animals and fowls. So we had a lot of work every day—milk the cow, feed the pigs, the chickens, the turkeys, the horses. I never worked in the taro patch anymore, because Dad bought

He Mo'olelo no Kapa'ahu

poi from the poi factory. He bought the salt from the store. He taught mom and I how to cook several dishes—stew, fried chicken, guava jelly—and how to make butter, smoked meat. He ate Hawaiian food, although he was a full Caucasian. He wasn't really good at speaking Hawaiian, but he understood it very well. I spoke mostly pidgin English then. But when I met my kūpuna, I always spoke my mother tongue with them, because it was easier for me and I loved my mother tongue.

I lived with my parents until I got married to Herman at age nineteen and a half. Herman was working at the fire station in Hilo. We lived in a rented house with two bedoroms for fifteen dollars a month. It was in Hilo town. To me, this living in town was very different. The changes were good, but inside myself I was homesick for the things I had left behind—the beach, the family, the land.

Herman and I had four children, all sons. My second son became a TV actor in the series Hawaii 5-0 in 1977-78. He played the part of a Hawaiian detective named Kono. About 35 years later, I achieved my goal of being educated. I received my high school diploma and took some college courses. I have fulfilled my desire.

When I look back at those days gone by, I greatly cherish all the things that I saw and heard concerning the Hawaiian people. This is the end of my story.

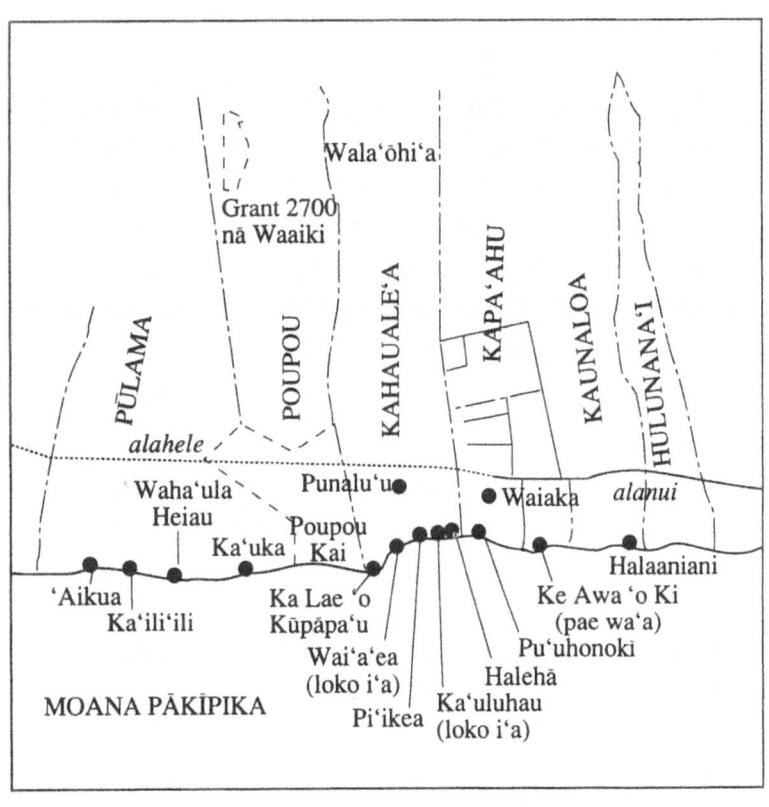

Map 2. Kapaʻahu and Places Nearby

He Moʻolelo no Kapaʻahu

Story 3. Traveling Along the Beach

We're going to go traveling. Let's go traveling along the beach. This is low tide. It's all right to say we're going to holoholo kahakai (travel along the beach). Let's go prepared—a bag for ʻopihi, for limu, and a knife for pounding ʻopihi. We'll start our journey at Kaunaloa and we'll go west to Lae ʻApuki in the direction of Kaʻū. This is all a place for ʻopihi, from one end to the other.

We start going, and here's the canoe landing (ʻawa) of Kī. And we go on from Kī and we arrive at Halehā. And at Halehā, this broad, flat area, there's so much limu kohu. But this flat area with limu, you can't go there all the time, because it's often covered by the waves. As soon as the tide is good [low], then you can go pick the limu at that flat. And on the far side is Puʻuhonokī. There's a rather small pool there. And if it's the time for little moi, baby moi, that's where you should go. That's where we should go with a scoop-net to catch the little moi. And that thing, the little moi, that's good to eat! You dry it a little and eat it and it's good to eat. And beyond that, there are huge, flat rocks. That's a good place to pick limu līpaheʻe. That kind of limu is tiny, fine. And the way to pick that limu, you scrape with a knife. That's the way if you're going to get that limu. You go look for a rock that's completely flat, because you scrape toward yourself, and if it's a flat rock, then you won't get lots of little bits of rock coming into your bag. And that limu spoils fast too. So if you're going to pick limu līpaheʻe, you should wait until you're ready to go home; that's the right time to get that kind of limu. As for that limu, it's is good mixed with 'opihi. That's a fragrant kind of limu.

And going on farther, we arrive at Ka'uluhau. There is a pool there, a big pool, kind of deep. And that's the pool where my uncle and aunt folks and we children would pound 'auhuhu (fish-poison plant). And you throw this 'auhuhu into that pool. And then you see the fish get kind of stunned (pāhola)—another word for that is kākāola—and the fish get paralyzed. As for the unwanted fish, the people throw those fish back into the ocean. You let them go and afterwards the fish revive again.

And beyond Ka'uluhau, that is Pi'ikea. At that place you see this rock, big rock. It was said that it was a ku'ula (fishing-god) rock. That rock was big, standing there on top of the pāhoehoe. There wasn't any other rock there, only this big rock. It was about five feet high and about six feet or more wide. Kind of round that rock was and it was close to the shore. How many and how strong have the high tides been, but every time that rock was unmoved. I saw one high tide. There were plenty of huge rocks that were carried by that high tide onto the land. Wherever did those huge rocks come from? But the rock of Pi'ikea, it wasn't moved. Yes, it continued to stand there, that rock, until it was covered over by the lava.

At that place, at Ka'uluhau and Pi'ikea, there's a good point sticking out into the ocean for picking limu kohu. There is limu līpoa too and that's also a place where we'll get that thing called 'ōkole. The 'ōkole is kind of like the sea cucumber, except the sea cucumber is long and the 'ōkole is kind of round. And it doesn't have a shell and it's kind of red. That thing stays under the rocks. Under an overhang is where

He Moʻolelo no Kapaʻahu

you peer, you search. After you've got it, you scrape it on top of a rock until the slime comes off, because that thing, the ʻōkole, has plenty of slime. When it's cooked with coconut milk, that thing is kind of like squid, crunchy to chew. And at those places there's plenty of pūpū (shellfish), pipipi, hāʻukeʻuke (a sea urchin), limu—limu kōʻele—and heʻe pali (tiny octopus), ʻaʻama (black crab), paiʻea (crab). And at that place Kaʻuluhau, there's a white-sand beach and there's a coconut grove. If we're thirsty, we'll go climb the coconut tree to gather coconuts. And that's ours, the young coconut, that's our coconut to drink the water from.

As for the way that you make hāʻukeʻuke (sea urchin), if you notice the hāʻukeʻuke and if you see that the place is teeming with them, get two or three hāʻukeʻuke and break them open. And if there's meat, then all the hāʻukeʻuke will have meat; if there's no meat, then none of the hāʻukeʻuke will have meat. But in the season that the hāʻukeʻuke has meat, that's the thing you'll pick up and take back home. This hāʻukeʻuke is broken open, put into a bowl with a little water, and that makes a gravy and it's the right thing to mix with raw fish. Lomi (work) the raw fish and pour in the hāʻukeʻuke gravy and that's good to eat. Then too, you can just have the gravy with the hāʻukeʻuke.

As for the pūpū (shellfish), that's a good thing to eat, found close to the wall of the cliff, the rock cliff. That's where you should look, in among the limu. That's the kind of place where the shellfish grows. If you see it, it looks similar to the limu. And as for the ʻopihi, there's a kind of ʻopihi that's kind of different, the ʻopihi ʻālinalina, that's the ʻopihi with sort of yellow flesh. That's the ʻopihi that is most desired. The place to get that ʻopihi, it's at the area that's continually washed by the sea. Another kind of ʻopihi is the makaiāuli, that's the kind of ʻopihi that's kind of darkish. That kind of ʻopihi stays farther inland. Underneath the rocks you look and that's where you'll see it, in the damp places. And another kind of ʻopihi is the ʻopihi kōʻele, huge ʻopihi. And that's the kind of ʻopihi shell that's good for peeling taro.

    We leave Piʻikea, go west, and that's Waiʻāʻea. And there's a pond. There's fish, a fish-pond (loko iʻa). And where the water is shallow, that's where we'll get the kūpeʻe (shellfish). This thing, the kūpeʻe, as soon as its season comes, then we go get it on a dark night. In the daytime, that thing goes back under the rock, the kūpeʻe. And in the nightime it comes out. And at the right time, when it's out, that's the time to go pick it up. And at that place Waiʻāʻea, there's a big milo tree kind of sitting up above. And that milo tree, that's a place we rest, we eat; and if you're going to wait for some people, you say, "We'll meet at the milo tree." And you know where that is, that milo tree. And at Waiʻāʻea begins this ahupuaʻa Kahaualeʻa. I was told that before, in the earlier time—probably that was the time without bushes like there are now—there was a flat place there, a coastal plain. And in the ancient period, at the time of the makahiki, that's where the game players would compete. And that ahupuaʻa, that's the place that was bought by Campbell Estate, from the shore to the mountain.

    We leave that place, move, go further on, and that point there sticking out is Kūpāpaʻu. Auntie Luika said that earlier the sea was farther out and at that place Kūpāpaʻu Point there was a big cave. That's where the people would weave mats

He Moʻolelo no Kapaʻahu

before, inside that cave. Due to an earthquake, the ground collapsed; and since that time, the sea has come in at Kūpāpaʻu Point. One time afterward my cousin went to spear fish—that's what they used to do, spear fish. And he'd heard that story about this cave at Kūpāpaʻu Point. He said, "Oh, that cave is still there. It's big." But when he saw it, there was a shark inside, so he didn't go very close. But now that point is covered, covered by Pele.

And going farther on, that's Poupou Kai, our ahupuaʻa. At that place there's a canoe landing. However, I didn't see that canoe landing in use. And that place Poupou Kai, that's where my family grew sweet potato. There's a kīpuka (uncovered place in the lava bed) with soil there and the sweet potato grows there. There're so many hala (pandanus) trees there. That's where we went to pick lau hala with Auntie folks. And as for that place, we knew the hala trees, the ones with light-colored leaves, the trees with darkish leaves. And so if you went there, whatever it was you wanted, that's where you went to get it.

And another thing, an important thing of that place Poupou was the hala kahiki (pineapple). In my youth, there was so much pineapple growing wild there. And we went there to pick the pineapple when it was ripe. If we went, we went without a knife. We'd go there, pick ripe pineapple. And we go look for a rock, sharp rock. And that sharp rock, that's the thing you would pound the pineapple with until it's split, and that's how we would eat it. And you would carry some of the ripe pineapple back home. And my grandmother Kūkū Mā, she often made pineapple lei. This kind of lei hala, she cut it out with a very small knife, cut individual pieces of the skin of this pineapple. And on the corners of the pieces the meat was pared off. It's fragrant, that kind of lei hala. If you make this lei, you can place it on top of your hat. However, the usual thing is to hang it on a nail outside on the wall of the house. You can smell the fragrance of this lei hala for several days, perhaps a whole week. One thing that's not very good about this lei hala though is you get lots of gnats.

And [going on] from Poupou, on the far side is Ka'uka. And that's the place of the heiau, Waha'ula Heiau. And there are plenty of coconut groves and kukui groves. That's where we went—my mother, my brother [and me]—because my father W. J. Stone had bought that land. It belonged to us, that land. And we went there to cut kūkaepua'a grass under the kukui groves. That was something for the horse and the donkey to eat. And if we went there, we went quietly. If we entered that heiau with my mother, we were warned, "Don't run all over here and there. Keep your voice quiet." That's how. Because it was understood, it was said of that place, it's a place where the kapu resides until today. When I went there in the year 1979, I went there just to walk around one day. And I heard a call; that's what I heard. And I replied; I called back. I thought maybe there was someone coming along behind me. However, when I called back and then heard the call a second time, it was kind of strange. The call that I heard, it was kind of soft. And I knew that wasn't a person. I went back home, talked with my Aunt Maria, and she told me, "That's not a malevolent thing. Probably the ancestors saw you and were sorry for you walking alone." Yes. Another thing about Ka'uka, there were so many milo trees and wiliwili trees. Those are the things that grew there.

He Moʻolelo no Kapaʻahu

We leave Wahaʻula Heiau. We go on and then we're at Kaʻiliʻili. And that place Kaʻiliʻili, it's definitely a place inhabited by the people before, because you can see still standing there places like house foundations, like cooking areas. And that place Kaʻiliʻili is good because there are a lot of flat rocks, a good place to go to the shore, pick ʻopihi. It's a good place to swim. That's where we kids would swim, if we went there. And beyond Kaʻiliʻili is ʻAikua. There's a little point projecting into the sea there and that's where Uncle Kaipo went to cast for ulua. And the pole that he went fishing with was an ʻōhiʻa post. Kind of big that kind of post, kind of heavy, but that's probably because of the large size of this kind of fish, the ulua. And that's the thing, this ʻōhiʻa post. And as for the bait, an eel is the bait for casting for ulua. Nighttime is when he would go.

And farther on is Kamoamoa. That place Kamoamoa is good for pole fishing, for throwing net. There's a moi pool [in the sea] there. It's good for going to the beach—for the ʻopihi, the limu. And that place Kamoamoa, it was inhabited by the ancient people before and there are still house foundations standing there, a canoe shed foundation. Also there's a canoe landing there. When I was little, I saw there was a spring there, but now it's covered by the high tide. Many stone walls. My father, he was a rancher and during the cattle drives, the cattle were brought to Kamoamoa. But the cattle drives started from Pānau [farther west]. There was a mountain cabin built by my father at Pānau. I rode on the horse with the cowboys. We went to Pānau and there was a worker living at that mountain cabin, Akoni. And we slept there with the cowboys at Pānau. That place, that house at Pānau, it wasn't far from the house of Kaleikini Peʻa folks. We slept at Pānau that night. The next day early in the morning this catttle drive started from Pānau down to the coastal plain and then these cattle were driven to Kamoamoa, inside those fences there. And that's where the cattle were all branded, the work of the cowboys. Then the cattle were let loose in the coastal plain and that work was finished.

Farther on is Lae ʻApuki. Lae ʻApuki is a good place for the beach, for picking ʻopihi, limu. And at Lae ʻApuki there are coconut groves and stonewalls. And there's a beach house there built by my father. He built a windmill there, with some water tanks. That's where the cattle would come to drink water. So weʻve arrived at Lae ʻApuki. This is the end of the places we're going to on our journey, so let's return.

He Moʻolelo no Kapaʻahu

Story 4. The Work of the People

A. The Gathering of Seasalt

I'm going to tell you a story about gathering seasalt (ka ʻohi ʻana o ka paʻakai) at our land of Kapaʻahu in Puna, in the year 1925 or around that time. Another term I hear for gathering seasalt is hāhāpaʻakai, one word. Seasalt is an important thing to the Hawaiian people for seasoning food—seafood, meat. If foods are seasoned, then they taste good. By sprinkling foods with salt they're preserved so they don't spoil. Another thing—in making (Hawaiian) medicine, salt is mixed with the herbs. Not all medicines; it depends on what medicine you make. If there was a funeral, when the funeral was over and people returned home, there were (other) people staying in the house and they had prepared wai paʻakai (saltwater), that is, a bowl of water with a little seasalt put into it, and that's wai paʻakai. It was said that it cleansed the body, because if the ghost of the dead person followed the people who were returning to the house, wai paʻakai was the thing to exorcise that ghost [by sprinkling them with it]. Our seasalt of Puna was plain white salt, not salt mixed with ʻalaea (red ochre) like Kauaʻi's salt. But for making medicine the salt was mixed with ʻalaea soil, only for making medicine.

Gathering of seasalt is done only at the proper time. If the ocean is stormy, the waves cover the shore far inland and the depressions in the rock get filled up with seawater. And then if the hot weather comes back, the water in those depressions dries up and turns into seasalt. And you have to be careful to collect the salt before it rains. The places to get salt were at

ʻĀpua or Kekaha. This place is on the coast of Puna, about five miles from our home. And Kekaha is even further. So there were certain places to get seasalt, places with big, flat rocks, with the proper depressions, huge depressions. You got clean seasalt. Only when the time was right you would gather seasalt. Months before the salt at home ran out, I heard and saw Uncle Kaipo folks talking and planning to go to Kekaha or to Kealakomo for gathering salt. They'd be observing the nature of the clouds, maybe the kind of wind that blew, and the movement of the ocean. And I'd hear them say, "Ah, this is a good time, perhaps, to get seasalt." And then I'd see them getting ready, getting the animals, donkey or horse. And two or three men would be going. And they got ready the burlap bags, the raincoats, the food. Poi was the main thing to take. And then early in the morning they left. They stayed several days. While they were at Kekaha they went fishing. By the time they came back, sometimes there were many bags of seasalt and dried fish. And the salt was shared with the family.

Some of our family were living in Kaʻū, at Puakalehua. Today that place is called Wood Valley. Uncle ʻOulu said that in the past, when the Puna relatives went to Kaʻū or when the Kaʻū relatives came to Puna, they came on horseback along the coast. When they got to Kealakomo or Kekaha and there was seasalt there, they gathered it. Uncle ʻOulu said when there was lots of salt, you could gather as much as you wanted. Sometimes many bags full. However much salt there was, we were always told, "Don't waste food. If you waste food, later on it will stare back at you." Because the land has given us its blessing. It's up to us to take care of it properly. It's our sustenance. This is the end of the story.

He Moʻolelo no Kapaʻahu

B. Poi

This is a story about the poi of my family at Kapaʻahu. Poi is the staff of life for the Hawaiian people. Our type of taro was dry-land taro. It was planted in the mountains because there's more rain there in the mountains and it's damp. And also other crops were planted there, like sugarcane, banana, onion, those kinds of things. From the planting of the taro to the "pulling" (harvesting) is about seven months, and with some kinds of taro about one year. It depends on the kind. There are many kinds. And the same with the kind of poi, it depends on the kind of taro. Some poi is kind of grey and some poi is kind of darkish. And as for the lehua taro, its poi is kind of reddish, kind of pink. However, the various kinds of poi are all equally good-tasting. The planting of the taro is spaced out so there will always be food. By the time one garden is all pulled, another is ready for pulling. That way the food bowl is always full of poi. There's no time you go without.

During the season that ʻulu (breadfruit) was bearing in Kapaʻahu, that was the poi we ate, ʻulu poi. Sometimes the ʻulu poi was mixed with the taro poi. That's a different kind of good taste. That's a kind of poi I like. Another kind of poi is flour poi. This is how it's made. Water is brought to a good boil so the poi won't be sweet. And you pour this hot water into the raw flour and stir with a wooden mixing spoon until it's smooth and pour it out on the side to cool. And when it's cool, you mix that cooked flour with taro poi or ʻulu poi. It's a different taste, this kind of poi. Another thing, if it's a big family this is what is done to increase the amount of poi.

Another kind of poi is taro poi mixed with pumpkin. I stayed with my relatives at Punaluʻu, Kaʻū, Uncle Punahoa folks, and I ate that kind of poi at their place. They called the pumpkin pū. Another kind of poi they had was sweet potato poi. It's kind of sweet that kind of poi. Because of the great distance to the mountains where they went to plant taro, they planted lots of pumpkin and sweet potato. And they bought poi from the poi factory. It was in Pāhala. I didn't see any ʻulu trees there. It wasn't like Kapaʻahu.

But at Kapaʻahu, the mountains weren't far, about two or three miles from home. So before the poi ran out at home, the men went to the mountains to pull taro. And then they returned and washed the taro and put it inside a tub, a big basin. It was covered with a gunnysack to keep in the steam and filled up with water, and then the taro was cooked. This is the way to cook ʻulu too, but the ʻulu should be cut in half. Then put it into a basin and cook it. And to test if the food is cooked, take a coconut-leaf midrib and poke it in, and if the midrib slips in quickly, the food is done. If it's kind of hard, it's not completely cooked. When the taro is done cooking, that gunnysack, you spread it out underneath and pour out the taro on top of the sack to cool. With a bowl of water and an ʻopihi shell, ʻopihi kōʻele, you start to peel the taro. And there's a poi-pounding board placed below. And when the peeling is finished, you put that taro on top of the pounding board. It's only the women who do the peeling and the pounding of the taro is by the men. That pounding is hard work. You look at the people pounding poi and sweat is dripping [off of them].

He Moʻolelo no Kapaʻahu

Sometimes, due to the way the poi is pounded, it gets lumpy. If you don't do it right. Sometimes it gets lumpy because of the nature of the taro. If the taro is tough, the poi will be lumpy. And the taro is tough sometimes because of sitting a long time [in the ground], not having been pulled at the right time. And sometimes the taro gets tough if hot weather comes. When the pounding is finished, the poi is put into a barrel, a round poi-barrel, or a crock. As for the fresh poi, it's given to the little babies. Taro and ʻulu are good as ʻai paʻa (firm poi, not yet thinned with water). It's eaten with honey and that's what we liked. For mixing the poi, add some water and mix it as you like it. If a real lot of water is used, the poi is going to be thin. The right kind is just properly liquid. Some people like firm poi. On the first few days, the poi is tasteless. Some days later, the poi starts to bubble and that's when the poi is good to eat with raw fish, that kind of thing. Ohhh, huge dips of poi! And after a long time, days later, the poi gets sour. And that's the poi that is liked by some people, sour poi. My grandmother told me, "Don't feed watery poi to visitors. That's only for stingy people. Because when you dip it up, it doesn't stick to the fingers. The poi falls off and not much poi gets into your mouth." And when the meal is over, if there's something left over in the poi bowl, you scrape the bowl with your fingers and put it inside the safe (screened cabinet) for later on.

Another thing, if we would go to the mountains to farm, we would take only fish, because then we'd arrive at the garden, pull taro first and then cook it and pound poi, and that's the poi we'd eat. And if we'd go to the beach, we'd take only a bowl of poi. And there at the beach we'd get the food to go with the poi. And as for water, coconut water or springwater was our water. Yes, this is the way we lived at Kapaʻahu.

C. Meat and Honey

My story today is about the work of the men at Kapaʻahu, Puna, in the year 1925. The men would go up to the mountains, to the forest, to hunt meat as food for their families. As for the kinds of animal, there was goat. At the cliffs at Paliuli in Pānau they went to hunt goat. At that time they didn't have guns. They got the goats with dogs or by chasing after them. Sometimes they followed them on foot. Sometimes they lassoed them. Another men's job was to hunt wild pigs. They would go to Walaʻohiʻa, or to Pānau. Another thing they hunted was wild cattle. Before there were so many donkeys in the coastal plain. And they were used for food. The donkey meat was left in the sea overnight. The next day it would be salt-soaked and the salt was rinsed off and it was dried and broiled. It was really good. The same with the meat of the goat, the pig, the cattle. It was salted too or dried. The bones, they were boiled with coconut milk. As for the men preparing to go—they went early in the morning—they got the horses ready, saddled the horses, they took gunnysacks, knives all sharpened up, raincoats in case of rain, and hide ropes.

As for the goat, it's meat smells kind of like the sheep. So it's the female goat that has the good-tasting meat that doesn't smell bad. The young goats were taken back home, raised there, and later on eaten. Sometimes many goats were all driven together. A whole lot of men would go and build a

He Moʻolelo no Kapaʻahu

corral and drive the goats inside. And they would be shared out to all the people. As for the pig, sometimes it was butchered out in the forest; other times it was carried on the horse and brought back to the house. Cattle were butchered in the forest or led back to the house. Whatever was gotten, it was given out to the relatives, shared. The fathers and the mothers both worked at the salting, the cooking, and the drying of the meat.

One really important thing was the hide of the cattle. The cowhide was skinned off. If the hide was good, it was salted until preserved, several days. The salt that lay on top of the cowhide was shaken off. And the skin was dried in the sun until it was good and dry, stretched and staked out with nails at a flat place. Only during the hot days you dry it. It's dried for several days. When it gets dry, the cowhide is stiff and stretched. And it's cut up for a rope. Or it might be made into a saddle. The cowhide rope was essential to the menfolk. A man's rope was for his own use only. The children knew not to touch the hide rope. The result would be a spanking.

Another job, [getting] honey, was important to us. We didn't have sugar from the store. So I'd see Uncle Kaipo. He'd nail together a box for the hive. He'd take this box in back of the house into the bushes. This box was placed up in a tree. And he'd put a piece of honeycomb inside this box. And a lot later, you'd see the swarming of the honeybees outside the box: the making of the honey had begun. The box would become full of honey and the comb was cut out. The torch was lit. There was plenty of smoke. And that's how Uncle Kaipo went to cut the hive. The honeycomb was carried to the house and squeezed to get the honey out. And it was shared out among the relatives.

D. Fishing

Hello! My story today concerns fishing—the things I saw and did in my childhood. Our land of Kapaʻahu, in Puna, had plenty of seafood. There was a never a time when it was scarce. Pole-fishing was done by the children and the parents. Bamboo was used for the pole; heʻe pali (tiny octopus) was the usual bait.

As for ulua fishing, our people called it "pīpī ulua." Why was it called pīpī ulua? I don't know. For that type of fishing, a branch of ʻōhiʻa was the pole, probably because of the large size of that type of fish. It's heavy. A big ʻōhiʻa branch, kind of like a post. Eel was the bait. The eel was pounded up with a rock until it was sort of pulverized and then used as bait. The usual spot for ulua fishing at Kapaʻahu was ʻAikua. That's a spot close to Kamoamoa.

Another type of fishing was with the throw-net. It was well known where the poho moi were, that is the ocean holes where the moi fish lived. When the moi were there, that was the time to get that kind of fish. Another kind of fish caught with throw-net was ʻenenue. It stays in the underwater flats, the places where limu grows, that's where you get it. It's a good fish to eat raw. The manini is also caught with the throw-net. As for lobster, the lobster holes were certainly known to the fishermen. If you wanted lobster, when it was the proper season you dove [for them] or caught them with the ʻupena kuʻu (gill net).

He Moʻolelo no Kapaʻahu

Another type of fishing was lamalama (torching). At the right tide, low tide, and on a dark night with no moon, that's the time we went torching. We were forbidden by our parents to say, "We're going torching," because fish have ears. And the fish will hear. So if you were going torching, you would say like this, "We're going to go holoholo (for a walk)." As for going to do that thing, torching, the torches are prepared ahead, so then everybody knows, "Oh, they're going to go torching." The torches were made from bamboo, many-sectioned, long bamboo. The sections are where kerosene was poured inside the bamboo. Gunnysacks were rolled up and pieces stuck into the bamboo. So the kerosene would soak into the sacking. Then you waited until it got really dark, and in a bit the fish would have gone to sleep in the pools, and the ʻaʻama crab. And then we started torching. You have to watch your step. There are many things you could get by torching—ʻopihi, paoʻo fish, paiʻea crab. That paiʻea type of crab, you don't hear about it too much, but that thing has a tough kind of shell. And we all know that's the name that was given to Kamehameha I! So, as for the fish that were sleeping in the ocean holes, little holes, you would see the fish sitting still, sleeping. And then you went and grabbed the fish by hand. And we worked until there was enough for several meals. When we were finished we returned home.

At Kapaʻahu there was a canoe landing. Kī was the name of that place. In my childhood, we went there to help haul in the canoes. At that time, Kekahuna folks were living there. They had a house close to the canoe landing. That time the canoes went at night to fish for kaweleʻā (Heller's barracuda). I heard that at Lae ʻApuki, somewhere around there, there was a bay. That's where the canoes would float to until it was the right time to come back. And in the daytime, the fishing was for ʻopelu (holo ʻōpelu, using a bag-net). That canoe landing at Kī was on a cliff, kind of a high cliff. And a kind of flat stairway (canoe ladder) had been built from ʻōhiʻa logs. This ladder sort of stuck out from the cliff. As for the bait for ʻopelu fishing, it was ʻopae ʻula (a small, red endemic shrimp). Before at Kapaʻahu, there was a great plenty of that kind of shrimp, ʻopae ʻula, in the ponds. But goldfish were brought in, let loose into the ponds. The ʻopae were eaten by these goldfish and the ʻopae ʻula completely disappeared. When it was time to go catch ʻopelu, they got ready, the ʻopelu fishermen. They waited for just the right time. When there was a swell, there was this canoe waiting on top of this ladder. Here came this swell up to this canoe. Then this canoe was shoved off on top of this swell. Then this canoe floated off seaward. We watched for the canoe's return, for the time when the canoe would land. And we, the people to haul up the canoe, started to gather in order to carry it when it came back. The canoe came until it was outside the ladder and floated there. This canoe is floating there, waiting for just the right swell. And then you heard the cry, "Paddle, paddle." The people start paddling the canoe. You could see this canoe on top of this swell. It was the swell that would bring the canoe in to set on top of the ladder. The canoe-haulers grabbed the canoe. The fishermen jumped out of the canoe. And then the swell receded. Here's this canoe setting on the ladder. And this canoe was hauled up to where it was dry. Everybody helped carry the canoe, including the children. And then the ʻōpelu in the canoe were counted out, counted by the kaʻau.

He Moʻolelo no Kapaʻahu

One kaʻau, that's forty ʻōpelu. This is what you say, "How many kaʻau ʻōpelu is there?" When the counting was finished, the ʻōpelu was given out to everyone who had helped haul the canoe, parents and children too.

For raw ʻōpelu, I prefer the rough method. You don't do it with a knife, but with your hand. Thrust your hand into the gill opening of the fish. Pull the flesh off, from the head to the tail above the backbone. And turn the ʻōpelu over, do it again the same as before on the other side. And take out the guts and the bones inside. Salt the fish and then it's folded from head to tail. It's left until the salt soaks in and then it can be eaten. Or else it's dried. It can be kept for a long time.

Another way we fished was with ʻauhuhu. That's a plant. It was at Kaʻuluhau, close to that place that we called Piʻikea. At that place there was a pond. If it was seen that there were a lot of fish in that pond, we all would go, parents and children, go to Kaʻuluhau. The parents would send us kids to pull ʻauhuhu. Because that stuff just grew wild at that place. And the parents pounded the ʻauhuhu with a rock and threw it into the pond. We waited about half an hour or so. You could see the fish come to the top and float. The fish were stupefied. And we swam into the water to grab the fish. We only caught the fish we wanted to eat. And afterwards the fish revived again. The fish didn't die.

And another kind of fishing we did was kāʻeʻe ʻōhua. In my youth, in summertime I went to Punaluʻu, Kaʻū to stay with Uncle Punahoa, a brother of my mother, and Auntie Emma Heʻeia, my namesake. And I often went with Aunt Heʻeia to catch ʻōhua (the young fry of manini or other fish). That kind of fishing, kāʻeʻe ʻōhua, you're going to go at dawn before it gets light, before the 'ōhua start to eat. That's when you get the 'ōhua liko (just-hatched fry). That's the 'ōhua that is most desired. Later on it gets light out and the 'ōhua start to eat. Maybe they eat limu, that sort of thing. If the 'ōhua eats anything, it starts to change and darken. That kind of 'ōhua is still good. Beforehand, Aunt He'eia would have told me in the evening, "Tomorrow we're going to go holoholo (for a walk)." and she'd prepare our things to take. At dawn she'd wake me and we'd go. She'd carry the 'ōhua net, that's a kind of small net, and a bag for the fish, and a dry coconut frond. As for me, I'd drag along a coconut frond that had been cut off short. We went until we came to a shallow ocean pool. There you could see heaps of rocks that had been piled up here and there in the water. These were called "imu." The 'ōhua would go inside these imu to hide. We went to an imu, Auntie on one side with her net and her coconut frond, me on the other side of this imu. I'd start to thrust this coconut frond into the holes between the rocks. I'm driving the 'ōhua inside the net. And here's Auntie holding the net, and then the 'ōhua swim into the net. The 'ōhua were put into the fish bag. And then we went off to another imu and did it again. The 'ōhua were sprinkled with salt until it soaked in, and it could be eaten raw. Also, it could be partially dried. That's another good taste. Also, it could be dried completely. It could be kept a long time for eating. The Kalapana people [too], they did that task of kā'e'e 'ōhua.

If the kualau rain was seen, I heard it said, "There's a kualau 'ōhua shower and the 'ōhua will arrive." I also heard it said, "When the hala (pandanus) bears, the wana and the hā'uke'uke (both sea urchins) will be full of meat." "When the

He Moʻolelo no Kapaʻahu

ʻulu fruit are small, the heʻe pali (tiny octopus) are small. When the ʻulu fruit are big, the heʻe pali are big." "When the sugarcane flowers, the āholehole fish is big." "When the stars are all out at night, the kūpeʻe and the pipipi shellfish crawl about." This is the end of my story.

Making Food

Cooking Pig in the Imu. The way I lived with my mother and father, we raised pigs. When visitors came to our house, or if it was a holiday, Mom would always say, "Let's kālua pig." In the back of our house at Paea we had a large trough to feed the pigs. The pigs were loose in the field and were half tame. So Mom would go in the back of the house and call them, "Moi, moi, moi." She would clang on a bucket and you would see the pigs come running in. She pours some food into the trough. While the pigs are eating, she comes around in the back of the pigs, makes her selection, grabs the two hind legs, and that's the one for kālua. The menfolk kill the pig. In the meantime, a big tub of boiling hot water is gotten ready. The pig is placed on a piece of iron roof on a table. The intestines are removed. Boiling water is poured over the pig to remove the hair. The hair is scraped off with a piece of broken bottle or an ʻopihi shell or a sharp knife. Sometimes the hair of the pig is singed off instead.

The imu has already been prepared. The ʻōhiʻa wood has been put in—but Mom prefers guava wood, because it gives the pig a good flavor and aroma. After the wood is put in, smooth rocks from the river are placed on top of the wood, then more wood on top of the rocks. The imu is lit. Once the rocks are red-hot, if you are going to singe the pig, this is the way to do it. One man holds the front legs and another one holds the back legs. They place the pig over the red-hot rocks and push it to and fro or side to side until all the hair comes off. Now that the pig is clean, if it is a big pig they would put a couple of red-hot rocks in the intestinal cavity. Then they tie both legs together with ti leaf, place the pig in chicken wire, and it is ready to be put into the imu.

They remove all the unburned pieces of wood from the imu so you don't get a smokey smell. Then they cover the red-hot rocks in the imu with ti leaves and banana stumps that have been split up. This is called the po'i. If there is not enough po'i, the pig could burn. If the po'i is too thick, the pig might not be well cooked. They put the pig on top of the po'i, cover the pig with more ti leaves, then cover it with burlap

Photo 8. Preparing Pig for the Imu at Kalapana

He Moʻolelo no Kapaʻahu

bags or canvas. They cover it with dirt until no steam escapes. Now, how long will it take to cook the pig? Our elders will tell us when the pig is done. To take the pig out from the imu, the dirt is shoveled off, then the burlap is removed, then the ti leaf. You have to peel the burlap off slowly so that no dirt drops into the food. They lift out the chicken wire with the pig inside. They place the pig on a board. The head and feet are removed and the pig is ready to be chopped up and served.

Making Kūlolo. This story is about how my family in Puna made kūlolo. Kūlolo has been a favorite thing from my childhood up to the present. Kūlolo is still being made the same way as before—kālua style in an imu. When there would be a holiday or a big party coming up, kūlolo was made. In my family, the Konanui ʻohana, if my Uncle Punahoa was helping, he would be in charge. His kūlolo was delicious. He was well known for making outstanding kūlolo. When we would plan on making kūlolo, the children would work together with the parents, because it required quite a bit of work. The work went on for days from the time you began until you could eat it. Square tin cans were prepared and set aside. Then we went to gather dry coconuts and firewood for the imu. The coconut husk was removed and it was discarded. Our parents went to the upland taro patches to pull taro. About one whole day would be spent doing that. Afterwards, the imu was cleaned out in preparation. And on the day when the kūlolo was to be made, we would begin work in the morning. The coconuts were grated and the coconut cream was squeezed out and set aside. As for the raw taro, all of the skin was peeled off. Then it was grated on a taro grating board.

And if your hands got itchy from grating the taro, you rinsed them off with the coconut grounds from the coconut that had been squeezed out. When all the taro was grated, then it was mixed with the coconut cream and honey. If you had some sugar, it could be mixed in too. And that was a job for the men. As for the women, they were preparing the tin cans. The ti leaves, each one was rinsed off and the midrib was removed and the leaves were made into a lining for the inside of the cans. This lining was made so that the tips of the leaves would hang outside over the cans. That was for tying them together. Then the mixture was poured into cans until they were full. The leaf tips hanging over the outside were folded directly on top of the kūlolo cans and tied so that rubbish wouldn't get in. This is what served as lids.

    The imu is prepared in the same way as when you kālua a pig. When the imu is suitably red-hot, you cover it with the poʻi. This is important. Only an experienced person who is used to making kūlolo or a kupuna can say how much poʻi to use and when to take the kūlolo out of the imu. The kūlolo is steamed until the next day. Then the imu is uncovered, the kūlolo cans are removed and set aside to cool until the following day. The ti leaf that has been made into a lining inside the cans is removed. The leaves will be stuck to the kūlolo. You pull off all those leaves. Then the kūlolo is cut up and is ready to eat. Yes, kūlolo is certainly delicious!

Making ʻInamona. We selected the tree that we would use to gather the dry kukui nuts that had fallen on the ground to make our ʻinamona. Our favorite tree was in the back of Kūkū Mā's house. That tree, the ʻinamona had a strong, nutty

He Moʻolelo no Kapaʻahu

smell that we liked. We would pick the dry nuts from the ground, take them home, remove the outer covering, then dry the nuts out in the sun for a couple of days. Then we would place all the kukui nuts in a big pan of water. The nuts that float are no good. Throw them away. Then you dry the kukui nuts again, maybe for a couple of days. Then they're ready for roasting. We did not have an oven, so we roasted them like this. When the wood stove had been lit for cooking and the cooking was finished, you removed any [unburned] wood remaining from the fire, leaving only the red-hot charcoal and the hot ashes. You don't want too much red-hot charcoal. You rake the ashes and place the kukui inside—not too many. Cover with the ashes and leave it for a short time. Take one out and crack it to check for doneness. You keep turning the kukui in the ashes so it won't burn. Watch carefully. When the nuts are properly done, take them out and let them cool. Crack a nut and scoop out the meat. It will be in pieces. That's good. You pound the kukui nuts on a board, and use a pounder used only for kukui nut. You pound it to the consistency you want. Mix it with ocean salt. If you pound it too fine, the ʻinamona will sink to the bottom and the oil will float to the top. But that's alright too. We liked ours not too fine, a little coarse, so that when you mix it with the raw fish, ʻopihi or ake (liver), you bite into the bits of nut. Add some limu and nīoi (chili pepper) to it, and a bowl of poi on the side ....It's delicious.

Story 5. Children's Games and Chores

My story this time is about the games and the chores of the children during my childhood in Kapaʻahu, Puna, in the year 1926. At that time there were no toys from the store. But the children of that time had plenty of toys and fun, for instance kite-flying. There was bamboo growing and it was cut, cut into pieces. And newspaper. And poi, that was used to glue it together. Fishing line, that was the string to fly the kite. Our parents got angry at us for using poi as glue. They told us, "Don't misuse the food!" So we did it in secret. When we were asked, "Who made that kite?" we said, "I don't know."

Another game was marbles. The kakalaioa seeds served as our marbles. Rarely would parents buy marbles for their children. That was the reason we went to look for our marbles, the kakalaioa, in the forest on the ʻaʻā lava, so we'd have something to play with. And the kids really played marbles a lot. Another game was making string figures (cat's cradle). And charades. If you had an idea for a charade, you didn't let anyone know. It was for them to figure out by what you were doing. Another toy was the wāwaeʻiole. That's a plant that we looked for in the forest. It's a lot of work to get it because it doesn't grow just anywhere, only in certain places. To play with the wāwaeʻiole, you and your playmate break a branch like a hook off the plant. And you hook onto his hook [and pull]. The one whose hook doesn't break is the winner. Another [game] was hand wrestling. Boys often competed in that, and adults. Koho poholima (guess which hand) was a game often played by girls. Tag, hide-and-seek, foot-racing. Another is kukuluaeʻa (stilt-walking). Another term for that is

He Moʻolelo no Kapaʻahu

hakakē. With poles. You stand on top of these poles and start the contest by racing or pushing each other over.

What we liked most was bathing at Waiaka or at Punaluʻu or at Waiʻāʻea pond. Or we'd go to the beach to swim. We went bathing almost every day. Since there were no bathhouses, this is how people washed their bodies. Only my father and mother's place had a bathhouse. But while I was living with my guardian, Kūkū Kahaʻikauila, there was no bathhouse at her place. As a youngster, I preferred bathing in the ponds, rather than at home in the tin basin. Bathing time was a time for fun—jumping in feet first, holding your breath under water, swimming races, tag. We had lots of fun. When were were punished we were told, "Oh, you can't go bathing." Auē, that was a heavy punishment to us.

I was sixteen years old when my father bought me my very first bathing suit. Before that, whatever clothes I was wearing, that was my bathing suit. Some of the kids, they were big already and they swam in the nude without clothes on. We didn't make fun of them. The important thing to us was playing and having fun. From my childhood until I grew up, I didn't know of a single young girl that got pregnant.

In the evening after dinner, sometimes we played instruments and sang. Sometimes we listened to stories.

Another thing we liked was going to the beach. Really. Since we went together with the grownups, we were told, "Be careful how you go. Don't turn your back to the sea." The girls would go with their mothers to pick ʻopihi. If I picked small ʻopihi, I'd be told, "Leave the small ʻopihi for later on." It was the same with picking limu. There were lots of kinds of limu, but you'd only be picking the one you were told to get,

Emma Kauhi

Photo 9. Emma Kauhi in her Youth
At Punaluʻu, with the bathing suit and ʻukulele that her father gave her for her sixteenth birthday

He Moʻolelo no Kapaʻahu

only that one. Just gather until you had enough to eat. The beach always had plenty; there was no time when seafood was scarce. The boys went with the fathers. They would go pole-fishing or throw-netting. Or they went to the mountains to farm taro. As for the girls, they helped with the lau hala work, the picking. And when they came back home, they cut off the base and the tip [of the leaf], removed the thorns, rolled up the leaves, and made rolls. Another job for the girls was to help wash clothes. The clothes were washed at the pond, at Waiaka or Punaluʻu. The clothes were washed on top of rocks with a beater, and when that was done they were hung on guava trees. The guava trees were short then.

As for our candy, it was made by cutting a dry bamboo into sections. Then honey was heated to boiling. And that hot honey was poured into the bamboo and cooled. And then the bamboo was cracked open and the honey would have hardened. And you cut it into little pieces and you could eat it. As for what we chewed, [our] gum—the breadfruit tree, on one of its limbs you made a little cut and then this white liquid oozed out. That's sap. And it was left like that for several days until it dried up. Then that sap could be chewed. And that was gum for us. Remember, the store was far away in those days. Besides, there was no money.

While we were going to school at Kalapana, they taught us and we sang songs—Hawaiʻi Ponoʻī and other Hawaiian songs, Kaʻahumanu, Lei ʻAwapuhi, and more. We didn't hula in the school at that time. And this is the end of my story.

Story 6. Dinner Parties

The way we lived at Kapa'ahu, we often had dinner parties (pā'ina or 'aha'aina). It was a time when people came together from far and near, family and friends—whether it was a time of joy or sadness. We were able to see each other and visit back and forth and help each other.

When the appropriate occasion came, an 'aha'aina (feast} was planned. The word lū'au was not used for the 'aha'aina then. It was only after World War II that that word became used for feasts.

If a feast was planned, usually the helpers came to the home of the person giving the 'aha'aina. That's where the food for the feast was prepared. Everyone came to help and work together. That's how the feeling of aloha within the family was strengthened.

Those days the food was contributed by the family. Every household had a taro patch. So taro was plentiful for poi and kūlolo. Also, our beaches were bountiful with seafood—'opihi, limu, crab, and fish. In addition, some of our family raised animals, cattle and pigs. So they were available for laulau or kālua (cooking in the imu). Sometimes the men would go hunting for wild pig for kālua. When guava or mango season comes, that's what the pig eats. So the pork is sweet at that time. But when there's no guava or mango, the pig eats the tree-fern and then the pork smells bad. Usually the people didn't take it at that season. For drinking at the feast, sweet potato swipe was made. Sometimes 'okolehao was bought from a bootlegger. That was the only thing that was

He Moʻolelo no Kapaʻahu

bought, the ʻokolehao. Everything else was free. Invitation to feasts was only by word of mouth.

One kind of feast, after the baby was baptized they had a pāʻina papakema (baptismal feast). It was kind of quiet, without playing instruments or hula kuʻi (hybrid hula) or that kind of thing.

As for the pāʻina lā hānau (birthday party)—for baby's first birthday—that was customarily held. That was especially true if it was the first child or the first grandchild. If you heard there was going to be a first birthday party, you could go without any invitation. That was customary. For my eighteenth birthday I asked my mother and father. I said I wanted a party and they made one for me for about 50 people, family and friends. My dad had made sodawater. That was something new to the people there. It was the first time they drank soda. There was only one flavor, rootbeer. It was really good. There was no booze at my party.

For the ʻahaʻaina male (marriage feast) when Herman and I got married, the feast lasted for three days. The party was at Kūkū Mā's house. People slept in the houses of the family. People went to Punaluʻu to bathe. In the evening the party started again—the feasting, the music, the singing, the hula kuʻi (hybrid hula). When the food was all gone, everybody left and went home.

Another kind of party held was the pāʻina komo hale (housewarming feast) for a new home. The new house was blessed and then the feast started.

Then there was the ʻahaʻaina hoʻolaʻa (consecration feast). At the consecration of the world-famous Kalapana Star of the Sea Catholic Church on Sunday, April 19, 1931, Bishop

Alencastre came from Honolulu. He celebrated a high mass. About 500 people came to the dedication. The county band was played. A big feast was prepared by the congregation, free for all the people who came.

Another kind of feast was the pāʻina make (mortuary feast). During my youth, the body of the deceased was placed in the family home for a day and a night. And food was prepared for the people who came to the funeral. The family helped. People that came from far away slept at the family homes. This was a sad occasion. I heard the uē kūō, the uē helu (mourning chants) of the kūpuna (grandparent generation). The uē helu was like the uē kanikau, kind of like a chant. That is, they told about the days past, the way they lived together and how much aloha they had. When the kūpuna arrived, they would start chanting the kanikau. After a little bit they finished. And when the body was to be taken for burial at the grave [nearby], they started to chant again. After the body was buried, the people came back to the house. Some people at the house would have prepared saltwater. So all the people were sprinkled with it as they returned from the grave. The idea of this sprinkling with saltwater was to purify. If the spirit of the dead person followed the people as they returned to the house, this saltwater would purify them [of the spirit]. Everyone came back to the house and they were fed before they returned home. This was customary. It was to express love and gratitude to everyone who had come. This kind of pāʻina had no activities for fun. When the person who died had been one year in the grave, the pāʻina hoʻomanaʻo (memorial feast) was held. The people who had been at the

He Moʻolelo no Kapaʻahu

funeral were invited to come together with the family. There was some fun, but it was kind of restrained.

Another type of feast was for the workers. About a week or so after the main feast was held there was a feast held for the workers. That feast was held at the home of the host who made the main feast. The workers [for the main feast] were the ones who made that kind of [after] feast. They came, along with their children, worked together, ate together, partied together.

When Limaloa Waipa made a stonewall around his houseyard, all the neighbors came, adults and children, to help him. At that time there were no wheelbarrows. The stones were carried by hand. The children carried the light stones. The grownups carried the big stones. After the fence work was completed, Limaloa gave a pāʻina mahalo (thankyou feast) to all those who came to help. The people who helped [with the stonewall] were the ones who helped make the feast.

It was at gatherings like these that we got to hear the singers with good voices. At feast time there were many people ready to sing and play music. There were many people who had good voices and adults who played slack-key. It was very enjoyable to listen. The main thing was the words of the song and the story that it told. There were many verses to the songs. The audience was attentive to the thought of the song. That was the main thing. As for the kolohe (rascal) songs, the songs with hidden meaning (kaona), for those the words were listened to carefully. You heard the laughter of the people, the clapping of their hands.

Another thing was the hula kuʻi (hubrid hula). If it was a song about men, the men were the ones who danced that kind of song. The women danced too. Those who were shy to hula were pulled on to the floor to dance, with hooting from the audience. What I observed of the nature of the hula before, the hands made a rolling motion. Not like today with the waving motion of the hands. The hand motions told the story of the song.

    In my childhood, the children did not dance hula. Only the adults danced the hula. The reason I was taught to hula, along with other children, is that when I was young there were concerts held to raise money for the Catholic or the Protestant Church. Aunt Heʻeia, my namesake, directed the hana kapalō (tableux). She taught us children hula. There were only a few of us. Aunt Heʻeia was skilled at hula, at playing instruments, at singing. A sweet-voiced woman. So she was the one who taught everything to us, children and parents—the choreography and the costumes we would wear. She had a sewing machine and she was the one who sewed our costumes for the show. The place where the tableau was performed was the meeting hall of the church. For the occasion of the show, the hall was decorated with flowers, greenery, maile. Ohh, so fragrant. And this is how I was tuaght hula.

    Uncle Punahoa and Aunt Heʻeia only stayed briefly in Puna. Their usual home was at Punaluʻu, Kaʻū. I spent a lot of my teenage years with them. It was customary every Christmas and New Year with them to go out serenading. Aunt Heʻeia was our leader. A car was hired for us. And we would go to Kapāpala Ranch—before there were plenty of people living there. And we went to Pāhala, Hīlea, Nāʻālehu, Waiʻōhinu, and Punaluʻu. As soon as it got dark, we would go up to someone's house and surprise them. We'd get outside

He Moʻolelo no Kapaʻahu

the house and then strum on our instruments. Uncle Punahoa played the violin. His son Fred Punahoa played the guitar. He was only small, so the guitar was as big as he was, but he played well. And the daughters of Uncle Punahoa, Leialoha and Keahi, they were our singers, with beautiful, high voices. Aunt Heʻeia played the ʻukulele and I was the hula dancer. The people would hear us, throw open the door, invite us into the house. We'd entertain them for a little while. While I danced, people would throw money on the floor. After we finished entertaining, we went on to another house. We went all night until dawn. The money we got was divided up among us. Those were good old days.

Emma Kauhi

Story 7. The Portents

    This is a story about signs (portents). In the old days the signs of the land were observed by the people, because before they went fishing, hunting animals for meat, or planting plants such as sweet potato or banana the ancestors looked for signs [as a forecast]. They observed the way the wind blew perhaps, or the sound of the sea, or the type of clouds in the sky.

    Regarding the wind: at Kapaʻahu we were used to the Hoʻolua wind. Another name [for that] is the Hoʻolulu (quiet) wind. That wind is from the mountain. It blows from the mountain to the ocean. And if this Hoʻolua wind begins to blow, that's a good time to go along the beach, because this wind pushes down from the mountains and then pushes down the ocean and the sea is calm. The time is good: it's the time to go traveling [along the beach]. And another of our winds was the Kona wind. It was from the Kona side that wind blew. If that wind started, we would hear the parents say, "That's a sickness-bearing wind. So take proper care of your body." If we would go to swim, then come back with wet clothes, we would be told, "Take off those wet clothes. Put on dry clothes. Take care of the body."

    Another kind of wind is the hele uluulu wind (hurricane). Another kind of wind is the pūhiohio (whirling) wind. You see that wind outside on the ocean. That wind is seen on land [too]. You see the whirling of the dirt and that is the pūhiohio wind. Another kind is the ma kai mai wind. And if the ma kai mai wind blows, it blows from the sea up to the mountains. That isn't a good time to go traveling along the beach because this ma kai mai wind, it's a wind that tends to make big waves

He Moʻolelo no Kapaʻahu

at sea. When the waves start, probably this wind gets behind them and then the waves grow big. The waves grow until they're far inland. So that isn't the right time to go traveling along the beach.

    Another thing, the clouds in the sky were observed. I saw Uncle Kaipo sometimes in the morning before the sun came up. He would go out in front of the house. He would be looking up at the sky. He was observing and [thinking] what did he want to do? And later, sometimes I heard the statement, "Ah, it's going to be nice. This is a good time to go to the beach to gather salt."

    Another sign at our place was the sound of the surf. If the surf at Kaunaloa was heard—sometimes you heard the pounding of the waves on the cliffs—and if you heard that, then that was a time the sea was rough. Another place right in front of our house, at Halehā—if the sea was stormy you could hear the boom of the waves. Sometimes you heard the rocks being rolled by the waves. And if you heard those things, the sea was stormy. That wouldn't be a good time to go to the beach. Also at Kūpāpaʻu—that's a point that projects out into the sea. You hear of that place where the lava is flowing now, at Kūpāpaʻu. That's the place. We could hear the surf from Kūpāpaʻu. From that place only the sea would be heard. But it was according to the sound of the surf that the parents knew. Because sometimes our parents told us no [not to go to the beach]. From the parents you heard the statement, "Ah, it's going to be nice." And how could they know? By means of the sound of the surf. And then again I'd hear the statement, "Ah, the sea is going to be rough. A storm is coming."

And another thing, another sign is the Kualau, that is the rain that forms a line out at sea. And I heard it said, "Kualau ʻōhua," that is the time that the ʻōhua (fish) appear. In my childhood when I stayed at Punaluʻu, Kaʻū, I went to do this netting of the ʻōhua with my aunt. Before we went to sleep she told me, "Tomorrow we'll go traveling." And then I saw the preparations, her preparing of the scoop-net to catch ʻōhua. And early in the morning before the sun rose, she woke me up. She told me, "Let's go." Then we went. I dragged these dry coconut fronds and Aunt Heʻeia had the basket and the scoop-net for ʻōhua. We went to the ocean. And then we went to shallow pools. And when you saw this pool, there were several rock piles. They were piled up like an imu. And that rockpile, that's the place the ʻōhua would swim into. And then we went into the water, we began to splash the water [with our feet] so the fish would go into this imu. And then Auntie put her net up close on one side of this imu and I was on the other side with this dry coconut frond. And then I poked this coconut frond into the holes between the rocks. And away swam the fish and into the net. And this is how ʻōhua is caught. The good ʻōhua is the ʻōhua liko. That's what we wanted, the white ʻōhua. That's the reason for going before the sun comes up, because it's before the ʻōhua eats anything. If it gets light, the ʻōhua eats limu perhaps, that kind of thing, and then this ʻōhua gets darkish. When the ʻōhua gets big it turns into manini.

    Another thing concerns the ʻopihi. It's a lot of work to get the ʻopihi. However, that's a delicious thing to us, isn't it? As for the kinds of ʻopihi, there's an ʻopihi ʻālinalina. That kind of ʻopihi is kind of yellow. And the place that kind of ʻopihi is

He Moʻolelo no Kapaʻahu

found, it's kind of far out, where the sea constantly washes over. And that's the thing that's kind of difficult, you go out and back, watching the waves in order to pound that kind of ʻopihi. And another [kind of] ʻopihi is the ʻopihi kōele, huge ʻopihi. Another kind of ʻopihi is the ʻopihi makaiāuli, and that kind of ʻopihi doesn't stay where the sea constantly washes over. It will have crawled up inland. Crawled inland and that's where it stays, that kind of ʻopihi. And during the rain, that's the time the ʻopihi moves. As for the shell of that ʻopihi kōʻele, that's the shell that is good for peeling food—peeling taro, breadfruit.

It's said that when the stars appear at night, that's the time the pipipi crawl around, the kūpeʻe crawl around. Also when the breadfruit bears, that's a sign: the heʻe pali (tiny octopus) appear. Another sign, when the hala (pandanus) is ripe, the hīnano (flower of the pandanus) blooms, then that's the time there is meat in the wana (sea urchin), the hāʻukeʻuke (another type of sea urchin). Sometimes when we were going to the beach, we saw porpoise swimming. We were told, "If the porpoise swim toward Hilo, the sea will be calm. When the porpoise swim toward Kaʻū, the ocean will be rough." Another thing that signals concerns the wiliwili tree. If the wiliwili tree blooms, that's a time when sharks bite. So if you are going to plan to go to the beach, it's best not to go where the ocean is deep. And another good thing for you all to know is, if you step on a wana spine, put your urine on it to stop the pain. That's effective! I [once] stepped on a wana spine and I washed it with my urine. And because of the great pain, I went to sleep. When I woke up the pain was gone, although the spine of this wana was still inside my foot.

Here's a man, a fisherman, Kini Aki by name. He told us, "Fish have ears. The fish can hear us. So if you're going fishing, [just] say that you're going to go walk around." And this is a story, a little story about this matter. One day I heard my cousins discussing between the two of them, "Say, let'go torch-fishing tonight." And when I heard them, I wanted to go. So that evening they got ready to go and I followed along with them. And we went to the beach, the cliff above the sea, and stayed there a little while. And when it got dark, the torch was lit. And me with the kerosene lamp, I followed after them. Then we went torch-fishing. Not long after that, they get hit by this wave. The torch gets put out. And they say, "Say, we better go back!" We're going back. We come back and go into the house. Auntie Luika sees us and asks us, "And how was your walk?" These cousins reply, "We didn't get anything. Not one thing did we get." Auntie Luika says, "How indeed? Here in the house it was already ruined by you [saying] 'We're going torching. We're going torching.' It was heard. Those folks went ahead of you; the crabs [and so forth] were all shoo'd away. That's your reason there was nothing there." How's that? Probably this story is related to the thing that Kini Aki said. Fish have ears.

Other kinds of fishing include pole-fishing, throw-netting, spear-fishing, going on canoe. Concerning the plants, like the sweet potato, the banana, they watched the moon. And at the proper time, I'd hear Auntie folks say, "Ah, this is the right time to plant sweet potato, or banana." When the sweet potato or banana bore, it was huge.

Concerning the tides, there are several kinds, like the kai make (low tide). And the kai make, sometimes it's called kai

He Moʻolelo no Kapaʻahu

pilau (stinking tide), because when the tide is very good [i.e. low], the limu, the ʻopihi, the pipipi, all those things become exposed. So it smells really rotten when you go along the edge of the water and the cliff above the ocean is exposed. Another kind of tide is kai hohonu (high tide), also [called] kai ʻōpihapiha. Another kind is the kai hōʻeʻe, kaiapele (tidal wave). So we were told, "If you go to the beach, be careful how you go. Don't turn your back to the sea!"

And this is another thought, about the earthquake. Sometimes if there was an earthquake, we would hear a roaring noise, and this is a sign fortelling the earthquake. This sort of roaring, when you hear it, it seems like a big truck perhaps that's coming toward you, but this roaring is heard from beneath the earth. And if you hear that, some seconds later the earth starts to shake.

These are the kinds of signs we were familiar with, and this is the end of this story.

Emma Kauhi

Story 8. Medicine and Healing

Medicine

Since I was born and raised in the traditional ways of my culture, I was about seventeen years old when I first saw a doctor. We had gone up to Poupou Uka, my mother and Auntie Luika folks, to stay for several days and farm taro. And I got a painful cramp in my side. I was loaded onto the horse and my mother took me back to the house. I thought Mom would take me to see Auntie Maka in Pāhoa. She was a female healer (wahine hoʻoponopono). But when we got to the house, my father was staying there. When he saw me, he put me into his car. He took me to ʻŌlaʻa to the plantation dispensary. That's where I was seen by the doctor. And he ordered me taken to Hilo Hospital. I stayed in the hospital and had surgery. It was discovered that the problem was my appendix. That was the very first time I saw a doctor or a hospital.

Prior to that time, if we got sick we were given Hawaiian medicine (lāʻau). The usual medicine for sickness, if you had a sore throat was ʻuhaloa. That is a good medicine. The muʻo kuawa (guava bud) was used for stomach cramps or diarrhea. Noni was used as a tonic, green kukui nut for thrush (ʻea), water of the young coconut for flushing out a stone from the gall bladder, kolī was used as a cathartic, and so on.

Here is another method of healing, the steambath (hoʻopūlouʻloʻu) using maile hohono (Ageratum conyzoides) or dry eucalyptus (palepiwa) leaf. For hemorrhoids, you could dig a hole in the sand to sit in at noon when the sand was hot. The plantain (laukahi) was warmed and then laid on top of a

He Moʻolelo no Kapaʻahu

boil. Or else, if you had an infected sore, that's how the pus was extracted. The ti leaf was used for headache or to reduce fever. The dry leaves of koʻokoʻolau or māmaki were boiled up as a tea to strengthen the body.

If the person's illness was more serious, medicine (lāʻau lapaʻau) was given according to tradition. There were rules for picking the medicine, for making it. It was taken for a five-day period (kualima). And when the five-day period was over, a closing treatment (pani) was carried out. Before taking the medicine, a hoʻoponopono ritual was held, that is, a ritual of repentance and praying for forgiveness.

For a really serious illness a kahuna lapaʻau (healing specialist) was consulted. The medicine was prepared in the way he prescribed so that it would succeed. If the preparation were imperfect the medicine would not work right. Perhaps the instruction was to pick the morning glory (koali) flower; perhaps for the flower to be picked before the sun rises; perhaps the flower that is facing the sunrise. That was the kind of rule.

Other herbs used were the liko ʻōhiʻa (leaf bud of the ʻōhiʻa) the pōpolo, haʻuōwi, and so many others. In some cases sugar or seasalt was mixed with the herbs. It was made by the cupful— that was the usual dosage—given five days, once a day in the morning before breakfast. Before taking the medicine you would say a prayer to repent and to bless the medicine. When the fifth dose of the medicine had been taken, then you ate the pani (closing). Usually the pani would have been prescribed at the time of the instruction, likely one hard-boiled egg or a certain fish. And you had to eat every bit of it.

Emma Kauhi

There was also medicine prescribed in a dream. I experienced that because after I had my fourth child I was rundown, sickly. My mother came and got my children and me so she could help me, take care of the children and me. One day I took a nap and I dreamt. I woke up and told my dream to Mom. In my dream a man came to me. In his arms he had a whole bunch of sorrel (ʻihi), the one with pink flowers. He handed it to me and I woke up. Usually I hardly have dreams. So I told my mom about this dream I had just had. And she said, "Auē, that's your medicine. Let's go out and get it." So we went out and picked sorrel and brought it back to the house. Mom cleaned it, hung it up until it was dried, and boiled it to make tea. From that time on that was the only liquid I drank, that tea made from the sorrel. My poi was mixed with it, my food was cooked with it. That's how I took my medicine for several months. After a while I began to eat more, I gained some weight, got better. My mother told me, "It's not good to mix medicine from the doctor with herbal medicine. So if you're going to use herbal medicine, that's the only thing you should take."

There is also the lāʻau kāhea (calling medicine) for broken bones or sprains or dislocated limbs. My nephew dislocated his arm and he was having a lot of pain. They were living in Hilo. He stayed home and his mother went to see a Hawaiian lady in Kalapana to remedy her son's ailment. This Kalapana woman was known for her knowledge of lāʻau kāhea. So they met and talked about it. Several days later his arm was healed—no more pain.

When Auntie Luika began her menopause, she was hemorraging and getting weak. Her husband Uncle Kaipo

He Moʻolelo no Kapaʻahu

made Hawaiian medicine for her. Uncle Kaipo went to get ʻalaea (ochrous earth) at Kupahuʻa. I went with him. At Kupahuʻa, in a low cliff, there was a small cave. The ʻalaea was in the wall of the cave. That cave was clean. We scraped off the ʻalaea with an ʻopihi shell and put it into a package. I watched Uncle making the medicine at the house—the herbs, the salt, and the ʻalaea. He finished making the medicine, gave it to Auntie. That was the medicine she took. Afterward Auntie's bleeding stopped.

Here is another case. Auntie Kanoe was sick and her husband Uncle ʻOulu took her to see the doctor. Doctor Irwin told them she had stomach cancer and the doctor said to operate, but they refused. They went to see a kahuna lapaʻau in ʻŌlaʻa. He told Uncle ʻOulu what to do. Many times I saw him riding on horseback, going to the mountain or to the shoreline to hunt for the herbs needed for Auntie's medicine. I saw Uncle prepare the medicine, give it to Auntie Kanoe to drink. Afterward she got better and lived for many years after.

Hoʻoponopono: Healing by Resolving Grievances

During the time I was living with my family in my youth, I saw and heard a lot about hoʻoponopono. Every day there were simple rules to follow, whether you went to the beach or the mountain or were at home, to treat your younger siblings well and other people. My mother told me, "Don't mistreat others. Because they have their ʻaumakua (ancestral spirit) watching over them. If you do wrong to someone, afterward you'll be punished." My mother told me, "Our ancestors (kūpuna) are gone, but they are watching over us. We cannot see them, but they can see and hear us." So whatever we do to people that isn't right will have some effect on us—maybe sickness or an accident. If that happens, we should turn to hoʻoponopono to make things right, to understand the problem—whether it's between two people or among the family or among any group of people. Before beginning, it is best to get a leader. A kupuna (elder) is the proper person to be the leader. And everyone should agree to the hoʻoponopono—coming together, discussing the problem, until the entanglement of emotion is worked out, asking for forgiveness of the wrong. When all that is done, it's ended with a closing prayer.

For going to see the kahuna hoʻoponopono, sometimes it took only one visit to resolve the problem, sometimes more than one visit. I remember when Mom had a sickness she went to see Auntie Maka in Pāhoa. I was the one that drove Mom to Auntie Maka's house. Sometimes if Mom had a dream, she told it to the kahuna. Then the kahuna interpreted the dream. Sometimes the idea of what was wrong was obtained from the dream. Or sometimes the spiritual presence came—that was called the makani. If the makani was coming, the kahuna would say to Mom, "Oh! Here comes the kolohe [rascal]." "The rascal," that was the name of our spiritual protector. The kahuna talked with the spirit, laughing, smiling, as if talking to a real person. It seemed like she would pause as if listening for a response. However, I would hear only one voice, the voice of the kahuna. She would talk to the spirit about Mom's sickness and the dream she had had. They would talk for quite some time and then the kahuna would turn to Mom, discuss with Mom, and then speak again to the spirit. And then turn

He Moʻolelo no Kapaʻahu

back and say to Mom, "How is it between you and your brother?" Mom would say, "Yes," and tell about their quarrel, their dispute. She'd tell Mom that she'd better go see her brother and tell him she was sorry. Then the kahuna would say, "Oh! There goes the rascal. The trouble is finished." And Mom would go do what she'd been told. And she would get better and she would live in peace with her brother. So the procedure succeeded, the troubles were repented of, forgiven and ended ("cut off").

Sometimes there is a penance of fasting—no food or water from dawn until noon. It's a time for prayer and reflection. Maybe the fasting is done for several days. It depends on how serious the problem is.

Therefore, in case a person was sick, lāʻau lapaʻau was given. If the illness continued, the person was taken to the kahuna hoʻoponopono. Sometimes if the illness persisted, I heard it said, "He's not telling the truth about his faults. Probably he's holding back some of his thoughts." Or "The repentence and ending [of grudges] is not sincere."

For a young person to die is really a tragedy. For an old man or woman, death is acceptable. That is the end of my story.

Emma Kauhi

Story 9. Story of Pele and the ʻŌhelo

The story I'm going to tell you is about Pele and about the ʻōhelo berries. I've heard it said sometimes when there's an earthquake, "Ah, the woman is returning to the pit," the woman being Pele. And the pit is Halemaʻumaʻu. I was told that there are two kinds of eruptions, namely the pele kamaʻāina (usual eruption) and the pele malihini (wandering eruption). The pele kamaʻāina, that's the lava that erupts at Halemaʻumaʻu; and the pele malihini, that's the wandering lava, bursting out there and there, flowing here and there. Probably that's what this lava flow is that we see these days [at Kapaʻahu and Kalapana in the 1990s]. In my youth I heard about the ʻōhelo berries. We were told by our parents, "Don't eat the ʻōhelo berries; that's only for Pele." One time the lava erupted at Halemaʻumaʻu and we went to see it. The ʻōhelo, it grows at the crater alongside the road, plenty of it. And we went up close to the pit [Halemaʻumaʻu], stopped the car, and went to pick branches with ʻōhelo berries. Auntie Luika then told us, "We're going to give this ʻōhelo. It's a present for Pele. This is the thing she likes, the ʻōhelo berry." So we went up to Halemaʻumaʻu and we threw the ʻōhelo into the fire-pit.

Another time when the lava erupted again, my mother told me, "Tomorrow we'll go to the crater on a trip." and when we woke up in the morning, I tell my mother, "I have the female sickness (menstrual flow)." And my mother tells me, "Ah, we can't go to the crater. Only when your female sickness is over." Then I ask, "Why is that?" And my mother tells me, "You're unclean! So this isn't the time to go close to the crater." So we put off our trip. When my female sickness

He Moʻolelo no Kapaʻahu

was over we would go on a trip to the crater. Me, my four children, my mother. and my brother, we go as far as ʻŌlaʻa—today it's called Keaʻau—and Mama says, "Park the car at the store." We go to the store, park the car, and Mama goes into the store. I follow her and watch her. She buys a bottle of gin—a big bottle and of a good brand. Mama says to the storekeeper of that store, "Wrap this bottle as a present." And it was wrapped with gift paper. Mama had brought some ti leaves inside the car in the place where things are kept [the trunk]. Mama wraps these ti leaves outside of that package she got from the store.

And then we arrive at the crater. And then Mama goes to the edge of the crater and bows her head for a short time. And afterwards she throws the gift package, that bottle of gin, into the crater. Several minutes later, some pieces of paper were blown toward us from inside the crater by the wind. And that paper was like the paper in which the present was wrapped, the bottle of gin. And I saw it. And then Mama said, "Ah, she's accepted the gift." Yes, I saw this with my own eyes.

Concerning the ʻōhelo, I didnʻt eat ʻōhelo until I was sixty years old or more. My mother had died and I had retired and I was living at Kapaʻahu. One day several haole friends come to my home and they tell me, "Bring a bowl so we can give you ʻōhelo berries. We've just been at the crater. Plenty ʻōhelo berries [there] and we're going to make pie, make jelly. So we're going to give you some ʻōhelo." And right then I remembered what I was told in my childhood, namely, not to eat the ʻōhelo berries. So I told my friends no. However, I didnʻt tell them what I was thinking. Later I really pondered: if my friends can eat the ʻōhelo without having any trouble, why can't I eat it? After all, my mother has passed away, the one who told me the 'ōhelo is kapu (forbidden). So I addressed my mother [her spirit], telling her that she had passed on, the kapu had passed. Later on I went to pick 'ōhelo. I came back to the house, I cooked up [the berries], made jelly. And I ate it, with some doubt in my mind, and I prayed to the Lord and continued to eat 'ōhelo. And now I'm done with thinking that way, with being doubtful. Today the 'ōhelo is being made into pie, into jelly. It's being sold in the hotels. Yes, this is a new age. The old ways are gone. This is the end of the story.

He Moʻolelo no Kapaʻahu

Story 10. Wahaʻula Memories

I was born and raised in the shadow of Wahaʻula, since our family home was only a short distance from that ancient heiau. Wahaʻula is located in the area we call Kaʻuka. My father had bought that land and we took care of it. I was completely immersed in the traditions and culture of my Hawaiian ancestors during my youth. That is the time of my life that I value the most.

All of those named places that I have mentioned in my stories are no longer there. Kapaʻahu and the nearby areas have been completely covered by the lava flow from Puʻu ʻŌʻō. My home was lost in November, 1986, the day before Thanksgiving. I remember what my mother had told me, "When Pele comes, let her have the land. She made this land. Sheʻll be here forever. You and I will only be here temporarily." And I asked her, "What about the house?" She answered, "Let her have it."

And so it came to be, the lava gushed forth and Pele took everything. However, in spite of the destruction, the devastation by the lava, there have been times that I have seen the beauty, the spectacular and awesome power of Pele. As the lava continued to flow from Puʻu ʻŌʻō towards the ocean, toward Wahaʻula Heiau, we anticipated the loss of the heiau because Pele was covering everything in her path. The lava continued to flow, competely surrounding Wahaʻula Heiau, right up against the surrounding stonewall. But the interior was untouched as the lava flowed to the ocean. When I found out that the heiau had been spared, I felt like a part of me had been spared. I asked myself, "How is that and why?"

Emma Kauhi

According to my research about Wahaʻula Heiau, High Chief Pili and High Priest Paʻao arrived here in Hawaiʻi from the South Pacific in the year A.D. 1441 and they took over the government of the Big Island. They found it neccessary to build three temples to their powerful Polynesian god Kū that they introduced. Their god Kū required human sacrifices. Three dreaded luakini heiau were built, named Wahaʻula (red or sore mouth) in Puna, Moʻokini in Kohala, and Hikiau in Kealakekua, Kona. History tells us there must have been around 500 human sacrifices offered at Wahaʻula Heiau, the last one about 1819.

Photo 10. The Luakini Heiau of Wahaʻula, Before the Lava Flow

I was always reminded by my mom and my kūpuna of the mana of that place, the spiritual power that was and still is there. They could feel it. And one day I went there and I heard

He Moʻolelo no Kapaʻahu

the ʻō (call) of the ancestors. My mother, who was born and lived all her life in Kapaʻahu, told me that Wahaʻula was also a puʻuhonua (place of refuge). If a person was being pursued for some wrongdoing, if the guilty person touched the stonewall surrounding the heiau on the Kaʻū side, then that person was saved from punishment.

After the lava flow had cooled, the national park allowed visitors to go to visit Wahaʻula Heiau. It was my strongest desire to visit Wahaʻula one more time. On August 25, 1991, I made the trek over ʻaʻā and pāhoehoe lava and saw Wahaʻula. I had a feeling of joy, of sadness, and of acceptance. I felt the obligation to write its obituary and epitaph:

> From days of old
> You were brought here
> With your power,
> Here to Kaʻuka
> From the South Pacific.
>
> Your purpose has been fulfilled.
> Pele has surrounded you
> With her red blanket, her lava.
> She now puts you to rest,
> Together with your power.
>
> Aloha Wahaʻula

[After this story was finished, Wahaʻula was completely covered by lava in the year 1997.]

Photo 11. The Luakini Heiau of Waha'ula, Surrounded by the Lava Flow

www.ingramcontent.com/pod-product-compliance
Lightning Source LLC
Chambersburg PA
CBHW070559010526
44118CB00012B/1384